Oliver Sacks

Der letzte Hippie

Zwei neurologische Geschichten

Deutsch von
Dirk van Gunsteren und
Alexandre Métraux

Rowohlt

«Die Zwillinge» (deutsch von Dirk van Gunsteren)
wurde dem Band «Der Mann, der seine Frau mit
einem Hut verwechselte», die Geschichte
«Der letzte Hippie» (deutsch von Alexandre Métraux)
dem Band «Eine Anthropologin auf dem Mars»
entnommen

Veröffentlicht im
Rowohlt Taschenbuch Verlag GmbH,
Reinbek bei Hamburg, Juli 1996
«Der Mann, der seine Frau
mit einem Hut verwechselte»
Copyright © 1987 by Rowohlt Verlag GmbH,
Reinbek bei Hamburg
«The Man Who Mistook His Wife for a Hat»
Copyright © 1987 by Oliver Sacks
«Eine Anthropologin auf dem Mars»
Copyright © 1995 by Rowohlt Verlag GmbH,
Reinbek bei Hamburg
«An Anthropologist on Mars»
Copyright © 1995 by Oliver Sacks
Alle deutschen Rechte vorbehalten
Umschlaggestaltung Beate Becker/Gabriele Tischler
(Illustration: Jan Rieckhoff)
Satz Sabon (Linotronic 500)
Gesamtherstellung Clausen & Bosse, Leck
Printed in Germany
200-ISBN 3 499 22089 X

Inhalt

Die Zwillinge

7

Der letzte Hippie

49

Anmerkungen

113

Die Zwillinge

Als ich den Zwillingen John und Michael 1966 in einem staatlichen Krankenhaus zum erstenmal begegnete, waren sie bereits Berühmtheiten. Sie waren im Radio und im Fernsehen aufgetreten und Gegenstand eingehender wissenschaftlicher und eher populärer Darstellungen geworden.[1] Ich vermute, daß sie sogar Eingang in die Science-fiction-Literatur gefunden haben, ein wenig «fiktionalisiert» zwar, im wesentlichen aber in den Umrissen, die die Veröffentlichungen von ihnen zeichneten.[2]

Die Zwillinge waren damals sechsundzwanzig Jahre alt und seit ihrem siebten Lebensjahr immer in Heilanstalten gewesen. In den Diagnosen hatte man sie mal als autistisch, mal als psychotisch, mal als erheblich retardiert bezeichnet. Die meisten Berichte kamen zu dem Schluß, daß sie für das Thema *idiots savants* nicht viel hergaben, sah man einmal von ihren bemerkenswerten «dokumentarischen» Gedächtnissen ab, die noch die winzigsten visuellen Einzelheiten ihrer eigenen Erfahrungen festhielten, und von der Tatsache, daß sie eine unbewußte, kalendarische Rechenweise beherrschen, die sie in die Lage versetzte, sofort den Wochentag zu bestimmen, auf den ein Datum der entferntesten Vergangenheit oder Zukunft fiel. Dies ist die Meinung, die Steven Smith in seinem umfassenden und anregenden Buch *The Great Mental Calculators* (1983) vertritt. Seit Mitte der sechziger Jahre sind meines Wissens keine weiteren Untersuchungen über die Zwillinge mehr veröffentlicht worden – das kurze Interesse, das sie weckten, wurde durch die augenscheinliche «Lösung» der Probleme befriedigt, die sie aufgeworfen hatten.

Doch dies ist, glaube ich, ein Mißverständnis, ein ganz naheliegendes vielleicht, denkt man an die stereotypen Ansätze, die festgelegte Zielsetzung der Fragen, die Beschränkung auf diese oder jene «Aufgabe», mit denen die damaligen Untersuchenden die Zwillinge konfrontierten und mit denen sie sie ihre Psychologie, ihre Methoden, ihr Leben – fast auf ein Nichts reduzierten.

Die Wirklichkeit ist weit rätselhafter, komplexer und unerklärlicher als diese Studien nahelegen. Durch aggressive formale «Tests» jedoch läßt sich diese Realität ebensowenig enthüllen wie durch die immer gleichen Fragen in Fernseh-Talk-Shows.

Die Frage ist nicht, ob diese Untersuchungen oder Fernsehauftritte «falsch» sind. Sie sind ganz vernünftig, manchmal – in Grenzen – auch informativ, aber sie beschränken sich auf die sicht- und untersuchbare «Oberfläche» und gehen nicht in die Tiefe, ja, sie lassen nicht einmal andeutungsweise vermuten, daß eine solche Tiefe überhaupt existiert.

Natürlich erhält man nur dann Hinweise auf diese Tiefen, wenn man aufhört, die Zwillinge zu testen und als «Untersuchungsgegenstand» zu betrachten. Man muß sich von diesem Drang, beständig einzugrenzen und auszufragen, befreien und die Zwillinge kennenlernen, sie beobachten, offen und ruhig, ohne Voreingenommenheit, aber mit einer uneingeschränkten und mitfühlenden phänomenologischen Aufgeschlossenheit für ihr Leben, ihr Denken und ihren Umgang miteinander. Man muß beobachten, wie sie spontan und auf die ihnen eigene Weise ihr Leben gestalten. Dann stellt sich heraus, daß hier etwas außerordentlich Mysteriöses am Werk ist, daß hier Kräfte und Abgründe einer möglicherweise fundamentalen Art existieren, die mir, obwohl ich die beiden nun schon seit achtzehn Jahren kenne, noch immer Rätsel aufgeben.

Wenn man den beiden das erste Mal begegnet, wirken sie nicht sehr anziehend: Sie sind eine groteske Variante von Zwiddeldei und Zwiddeldum, nicht voneinander zu unterscheiden, Spiegelbilder, identisch im Gesicht, in den Körperbewegungen, in der Persönlichkeitsstruktur und in ihrem Wesen, identisch auch in Art und Ausmaß ihrer Hirn- und Gewebeläsionen. Sie haben zwergenhafte Körper mit beunruhigend unproportionierten Köpfen und Händen, Steilgaumen, hochgewölbte Füße, monotone, piepsende Stimmen, eine Vielzahl sonderbarer Tics und Eigenarten, dazu eine stark fortschreitende Kurzsichtigkeit, die sie zwingt, so dicke Brillen zu tragen, daß auch ihre Augen überdimensional erscheinen, wodurch sie aussehen wie absurde kleine Professoren, die mit einer unangebrachten, besessenen und lächerlichen Konzentration hierhin und dorthin starren und deuten. Dieser Eindruck verstärkt sich, sobald man sie befragt – oder es ihnen gestattet, ihrer Neigung nachzugeben und wie Marionettenpuppen eine spontane «Standardaufführung» zu geben.

Das ist das Bild, das durch die Veröffentlichungen über sie, durch ihre Bühnenauftritte – sie pflegen bei der alljährlichen Show der Klinik, in der ich arbeite, mitzuwirken – und durch ihre nicht gerade seltenen und ziemlich peinlichen Darbietungen im Fernsehen entstanden ist.

Die unter diesen Umständen festgestellten «Tatsachen» sind wieder und wieder untersucht und überprüft worden. Die Zwillinge sagen: «Nennt uns ein Datum – irgendwann in den letzten oder den nächsten vierzigtausend Jahren.» Man ruft ihnen ein Datum zu, und fast sofort geben sie den Wochentag an, auf den es fällt. «Noch ein Datum!» rufen sie, und die Vorführung wiederholt sich. Sie können auch den Termin jedes beliebigen Osterfestes im Zeitraum dieser achtzigtausend Jahre nennen. Dabei kann man beobachten (was im übrigen normalerweise in den Berichten nicht erwähnt wird), daß sich ihre Augen auf eine ganz eigentümliche Weise bewegen – als betrachteten oder untersuchten sie eine innere Landschaft, einen geistigen Kalender. Sie machen den Eindruck des «Sehens», einer intensiven Visualisierung, obwohl man festgestellt hat, daß es bei diesen Vorgängen nur um reines Rechnen geht.

Ihr Zahlengedächtnis ist ungeheuerlich, vielleicht sogar unbegrenzt. Mit gleichbleibender Lässigkeit wiederholen sie drei-, dreißig- oder dreihundertstellige Zahlen. Auch diese Fähigkeit hat man einer «Methode» zugeschrieben.

Wenn man jedoch ihre Rechenfähigkeit untersucht – die typische Domäne mathematischer Wunderkinder und «Kopfrechner» –, schneiden sie überraschend schlecht ab, so schlecht, wie es ihre IQs von sechzig auch nahelegen. Sie scheitern an einfachen Additionen oder Subtraktionen, und was Multiplizieren oder Dividieren bedeutet, können sie nicht einmal begreifen. Womit haben wir es zu tun: mit «Rechnern», die nicht rechnen können und die nicht einmal die einfachsten Grundbegriffe der Arithmetik beherrschen?

Und doch nennt man sie «Kalenderrechner» – und man hat, praktisch ohne jede Begründung, unterstellt und akzeptiert, daß es hier nicht um das Gedächtnis geht, sondern um die Anwendung einer unbewußten Rechenmethode zur Kalenderberechnung. Wenn man daran denkt, daß sogar Carl Friedrich Gauß, einer der größten Mathematiker und ein Rechengenie, erhebliche Schwierigkeiten hatte, eine Berechnungsmethode für den Ostertermin zu finden, so ist es kaum glaubhaft, daß diese Zwillinge, die nicht einmal die einfachsten Grundregeln der Arithmetik beherrschen, eine solche Methode abgeleitet, ausgearbeitet und in Anwendung gebracht haben könnten. Es ist bekannt, daß sehr viele Rechenkünstler tatsächlich über ein großes Repertoire an Methoden und Berechnungstechniken verfügen, die sie für sich selbst ausgearbeitet haben. Vielleicht verleitete dieses Wissen W. A. Horwitz und seine Koautoren zu dem Schluß, daß dies auch auf die Zwillinge zutreffe.

Steven Smith hat diese frühen Untersuchungen für bare Münze genommen. Er kommentiert: «Etwas Rätselhaftes, wenn auch Alltägliches ist hier am Werk – die mysteriöse Fähigkeit des Menschen, auf der Grundlage von Beispielen unbewußte Rechentechniken zu entwerfen.»

Wenn das alles wäre, dann wären die Zwillinge tatsächlich etwas Alltägliches, und man könnte nicht von etwas Rätselhaftem reden, denn die Berechnung von Algorithmen, die ebensogut eine Maschine vornehmen kann, ist im wesentlichen mechanisch, fällt unter die Rubrik «Probleme» und hat mit «Rätseln» nichts zu tun.

Und doch offenbart sich selbst in einigen ihrer Auftritte, ihrer «Tricks» eine Qualität, die den Betrachter stutzig macht. Die Zwillinge können uns für jeden Tag ihres Lebens (etwa von ihrem vierten Lebensjahr an) berichten, wie das Wetter war und welche Ereignisse stattgefunden haben. Ihre Art zu reden – Robert Silverberg hat sie in der Figur des Melangio genau festgehalten – ist gleichzeitig kindlich, detailbesessen und ohne Emotionen.

Man nennt ihnen ein Datum, sie verdrehen einen Moment lang die Augen, blicken dann starr vor sich hin und erzählen mit flacher, monotoner Stimme vom Wetter, von den wenigen politischen Ereignissen, von denen sie gehört haben, und von Erinnerungen aus ihrem Leben – dazu gehören oft schmerzliche und tief eingebrannte Traumata der Kindheit, die Verachtung, der Hohn, die Erniedrigungen, die sie erleiden mußten. Doch all das erzählen sie in einem gleichbleibenden Ton, der nicht den kleinsten Hinweis auf persönliche Betroffenheit oder Gefühle gibt. Es geht hier offensichtlich um Erinnerungen «dokumentarischer» Art, in denen kein Bezug auf etwas Persönliches, keine persönliche Betroffenheit, kein lebendiges Zentrum existiert.

Nun könnte man einwenden, daß persönliche Engagement und eigene Gefühle aus diesen Erinnerungen auf jene defensive Art und Weise gelöscht worden sind, die man bei schizoiden oder von Zwangsvorstellungen befallenen Patienten (beides trifft ganz sicher auf die Zwillinge zu) beobachten kann. Aber mit demselben, wenn nicht gar größeren Recht könnte man argumentieren, daß solche Erinnerungen überhaupt nie persönlicher Natur gewesen seien, denn ebendies ist der wesentliche Charakterzug eines eidetischen Gedächtnisses.

Was nämlich hervorgehoben werden muß – und das ist allen bisherigen Beobachtern entgangen, für einen naiven Zuhörer aber, der die Bereitschaft mitbringt, sich in Erstaunen versetzen zu lassen, durchaus offensichtlich –, ist die Größenordnung des Gedächtnisses der Zwillinge, sein offenbar grenzenloses Fassungsvermögen (so kindlich und banal der Inhalt auch sein mag) und damit auch die Art und Weise, in der die Erinnerungen hervorgeholt werden. Und wenn man sie fragt, wie sie so viel in ihrem Gedächtnis bewahren können – eine dreihundertstellige Zahl oder die Milliarde Ereignisse von vier Jahrzehnten –, so sagen sie ganz einfach: «Wir sehen es.» Und «Sehen» oder «Visualisieren» von ungeheurer Intensität, grenzenloser Ausdehnung und absoluter Exaktheit scheint der Schlüssel zu sein. Es geht offenbar um eine angeborene physiologische Fähigkeit ihres Verstandes, analog etwa der, über die der in Alexander R. Lurijas «Kleines Porträt eines großen Gedächtnisses»[3] beschriebene Patient verfügte. Auch dieser «sah»; allerdings scheinen die Zwillinge nicht die Kunst der Zusammenführung und bewußten Organisierung der Erinnerungen entwickelt zu haben, die jener Patient so souverän beherrschte. Ich habe jedoch nicht den geringsten Zweifel, daß die Zwillinge ein gewaltiges Panorama überblicken, eine Art Landschaft oder Physiognomie von allem, was sie je gehört, gesehen, gedacht oder getan haben, und daß sie mit einem Augenzwinkern, nach außen sichtbar als ein kurzes Rollen und Fixieren der Augen, in der Lage sind, mit dem «geistigen Auge» fast alles zu erfassen und zu «sehen», was sich in dieser ungeheuren Landschaft befindet.

Eine solche Gedächtnisleistung ist sehr ungewöhnlich, aber kaum einzigartig. Wir wissen nichts oder nur sehr wenig darüber, warum die Zwillinge oder irgend jemand anders darüber verfügt. Steckt also, wie ich angedeutet habe, noch etwas in den Zwillingen, was unser Interesse in höherem Grade verdient? Ich glaube, ja.

Von Sir Herbert Oakley, der im 19. Jahrhundert in Edinburgh Professor für Musik war, wird berichtet, daß er einmal auf einem Bauernhof ein Schwein quieken hörte und sofort rief: «Gis!» Jemand lief zum Klavier – und tatsächlich, es war gis. Mein erster Einblick in die «natürlichen» Fähigkeiten und die «natürlichen» Methoden der Zwillinge erfolgte auf eine ähnlich spontane und, wie ich fand, komische Art und Weise.

Eine Streichholzschachtel fiel vom Tisch, und der Inhalt lag verstreut auf dem Boden.

«Hundertelf», riefen beide gleichzeitig; dann murmelte John: «Siebenunddreißig». Michael wiederholte das, John sagte es ein drittes Mal und hielt inne. Ich zählte die Streichhölzer – das dauerte einige Zeit –, und es waren einhundertelf.

«Wie konntet ihr die Hölzer so schnell zählen?» fragte ich sie. «Wir haben sie nicht gezählt», antworteten sie. «Wir haben die Hundertelf *gesehen*.»

Ähnliche Geschichten erzählt man sich von Zacharias Dase, dem Zahlenwunder, der sofort «Hundertdreiundachtzig» oder «Neunundsiebzig» rief, wenn ein Glas mit Erbsen ausgeschüttet wurde, und der, so gut er konnte – auch er war ein Einfaltspinsel –, klarzumachen versuchte, daß er die Erbsen nicht zählte, sondern ihre Zahl im ganzen, blitzartig, «sah».

«Und warum habt ihr ‹Siebenunddreißig› gemurmelt und das zweimal wiederholt?» fragte ich die Zwillinge. Sie sagten im Chor: «Siebenunddreißig, siebenunddreißig, siebenunddreißig, hundertelf.»

Und dies fand ich noch verwirrender. Daß sie einhundertelf – die «Hundertelfheit» – blitzartig «sehen» können sollten, war ungewöhnlich, aber vielleicht nicht ungewöhnlicher als Oakleys «Gis» – sozusagen eine Art «absolutes Gehör» für Zahlen. Doch dann hatten sie die Zahl Hundertelf noch in «Faktoren» zerlegt, ohne über eine Methode für diesen Vorgang zu verfügen, ja ohne (im üblichen Sinne) zu «wissen», was ein Faktor überhaupt ist. Hatte ich nicht bereits festgestellt, daß sie unfähig waren, auch nur die einfachsten Rechenvorgänge durchzuführen, und nicht «verstanden» (oder zu verstehen schienen), was multiplizieren oder teilen eigentlich bedeutet? Und doch hatten sie jetzt, ganz spontan, eine Zahl in drei Teile zerlegt.

«Wie habt ihr das herausbekommen?» fragte ich ziemlich erbost. Sie erklärten, so gut sie konnten, in armseligen, unzureichenden Begriffen – aber vielleicht gibt es hierfür auch gar keine passenden Worte –, sie hätten es nicht «herausbekommen», sondern es nur blitzartig «gesehen». Mit zwei ausgestreckten Fingern und seinem Daumen machte John eine Geste, die offenbar bedeuten sollte, daß sie die Zahl spontan *dreigeteilt* hätten oder daß sie ganz von selbst in diese drei gleichen Teile «zerbrochen» sei, wie durch eine plötzliche numerische «Spaltung». Meine Überraschung schien sie zu überraschen – als sei *ich* irgendwie blind; und Johns Geste vermittelte ein Gefühl unmittelbarer, *direkt erlebter* Realität. Ist es möglich, fragte ich mich, daß sie die Eigenschaften von Zahlen irgendwie «sehen» können, und zwar nicht auf begriffliche, abstrakte Art, sondern als *Qualitäten*, auf eine unmittelbare, konkrete Weise sinnlich und fühlbar? Und nicht nur isolierte Eigenschaften, wie «Hundertelf», sondern auch Eigenschaften der Beziehungen? Daß sie gar, ähnlich wie Sir Herbert Oakley, sagen könnten: «Eine Terz» oder «Eine Quinte»?

Durch die Gabe der Zwillinge, Ereignisse und Daten zu «sehen», hatte ich den Eindruck, daß sie in ihrem Gedächtnis eine riesige Erinnerungstapete, eine weite (vielleicht unendliche) Landschaft hatten, auf der alles zu sehen war, entweder isoliert oder in Beziehung zueinander. Beim Entfalten ihrer unerbittlichen, zufallsbestimmten «Dokumentationen» stand die Isolierung wohl mehr im Vordergrund als das Gefühl für Beziehungen. Doch könnte nicht eine derart erstaunliche Fähigkeit zur Visualisierung – eine im wesentlichen konkrete Fähigkeit und ganz deutlich von der Konzeptualisierung unterschieden – es den Zwillingen möglich machen, willkürliche oder signifikante Beziehungen zu sehen, formale Beziehungen oder Beziehungen zwischen Formen? Wenn sie auf einen Blick «Hundertelfheit» sehen konnten (wenn sie eine ganze «Konstellation» von Zahlen sehen konnten), sollten sie dann nicht auch auf einen Blick ungeheuer komplexe Zahlenformationen und -konstellationen sehen, erkennen, miteinander in Verbindung bringen und vergleichen können, und zwar auf eine ausschließlich sinnliche und nichtintellektuelle Art? Eine lächerliche, zu Verkümmerung führende Fähigkeit – ich dachte an Borges' Figur Funes: «Wir nehmen mit einem Blick drei Gläser auf einem Tisch wahr; Funes alle Triebe, Trauben und Beeren, die zu einem Rebstock gehören ... Ein Kreis auf einer Schiefertafel, ein rechtwinkliges Dreieck, ein Rhombus sind Formen, die wir vollkommen wahrnehmen können; ebenso erging es Funes mit der zerzausten Mähne eines Pferdes, mit einer Viehherde auf einem Hügel ... Ich weiß nicht, wie viele Sterne er am Himmel sah.»[4]

War es möglich, daß die Zwillinge mit ihrer eigenartigen Leidenschaft für Zahlen und ihrer Beherrschung von Zahlen, daß diese Zwillinge, die auf einem Blick «Hundertelfheit» gesehen hatten, in ihrem Geist vielleicht einen aus Zahlen bestehenden «Rebstock» erfassen konnten, mit all den Zahlen-Blättern, Zahlen-Zweigen, Zahlen-Früchten, aus denen er besteht? Ein befremdlicher, vielleicht absurder, fast unmöglicher Gedanke – aber was sie mir gezeigt hatten, war ohnehin schon so seltsam, daß es mein Verständnis fast überstieg, und doch erschien es mir nur wie eine Andeutung dessen, wozu sie fähig waren.

Ich dachte über die Sache nach, aber das Nachdenken brachte mich kaum weiter. Und dann vergaß ich es – bis zu einer zweiten, sich spontan entwickelnden Situation, einem magischen Geschehen, in das ich zufällig hineinstolperte.

Diesmal saßen sie zusammen in einer Ecke, mit einem rätselhaften, heimlichen Lächeln auf ihren Gesichtern, einem Lächeln, das ich noch nie zuvor gesehen hatte. Sie schienen ein seltsames Vergnügen, einen seltsamen Seelenfrieden gefunden zu haben und zu genießen. Ich näherte mich ihnen vorsichtig, um sie nicht zu stören. Es hatte den Anschein, als seien sie in eine einzigartige, rein numerische Unterhaltung vertieft. John nannte eine Zahl, eine sechsstellige Zahl. Michael griff die Zahl auf, nickte, lächelte und schien sie sich gewissermaßen auf der Zunge zergehen zu lassen. Dann nannte er seinerseits eine andere sechsstellige Zahl, und nun war es John, der sie entgegennahm und auskostete. Von weitem sahen sie aus wie zwei Connaisseurs bei einer Weinprobe, die sich an einem seltenen Geschmack, an erlesenen Genüssen ergötzen. Verwirrt und wie gebannt saß ich, ohne von ihnen bemerkt zu werden, ganz still da.

Was machten sie da? Was in aller Welt ging da vor? Ich konnte mir keinen Reim darauf machen. Vielleicht war es eine Art Spiel, aber es hatte etwas Bedeutungsvolles, eine Art von heiterer, meditativer und fast heiliger Intensität, wie ich sie bislang bei keinem gewöhnlichen Spiel beobachtet und bei den normalerweise aufgeregten und zerstreuten Zwillingen ganz sicher nie zuvor gesehen hatte. Ich begnügte mich damit, die Zahlen aufzuschreiben, die sie hervorbrachten – jene Zahlen, die ihnen ein so offensichtliches Vergnügen bereiteten, die sie «abwogen», genossen, miteinander teilten.

Auf dem Heimweg fragte ich mich, ob diese Zahlen irgendeine Bedeutung haben konnten, einen «realen» oder universalen Sinn, oder ob dieser Sinn (wenn es ihn überhaupt gab) lediglich einer Schrulligkeit, einer privaten Übereinkunft entsprang, wie bei den «Geheimsprachen», die Geschwister manchmal erfinden. Ich dachte an die Zwillinge, die Lurija studiert hatte – Ljoscha und Jura, hirngeschädigte und sprachbehinderte eineiige Zwillinge, die in einer primitiven, babbelnden Sprache miteinander schwatzten, die nur sie allein verstanden.[5] John und Michael gebrauchten nicht einmal Worte oder halbe Worte – sie warfen sich lediglich Zahlen zu. Handelte es sich dabei sozusagen um «Borgessche» oder «Funessche» Zahlen, um numerische Rebstöcke oder Pferdemähnen, oder waren dies private Zahlenformen und Konstellationen – eine Art von numerischem Slang –, deren Bedeutung nur die Zwillinge kannten?

Zu Hause beugte ich mich über Tabellen von Logarithmen, Potenzen, Faktoren und Primzahlen – Erinnerungen und Relikte einer eigenartigen, einsamen Periode meiner eigenen Kindheit, in der auch ich über Zahlen gebrütet, Zahlen «gesehen» und für Zahlen eine ganz besondere Leidenschaft empfunden hatte. Die Vorahnung, die ich bereits gehabt hatte, wurde nun zur Gewißheit: *Alle Zahlen, jene sechsstelligen Zahlen, die die Zwillinge untereinander ausgetauscht hatten, waren Primzahlen* – das heißt Zahlen, die nur durch eins oder durch sich selbst zu teilen sind. Hatten die Zwillinge ein Buch wie das meine gesehen oder besessen, oder konnten sie auf eine unerklärliche Weise selbst Primzahlen «sehen», etwa so, wie sie die Hundertelfheit oder die dreifache Siebenunddreißig «gesehen» hatten? Ganz sicher konnten sie sie nicht *errechnet* haben – sie konnten überhaupt nichts errechnen.

Am nächsten Tag besuchte ich sie wieder in ihrer Abteilung. Mein Buch mit den Tabellen und Primzahlen hatte ich mitgebracht. Wieder fand ich sie in ihrer Zahlenandacht vereint, aber diesmal setzte ich mich, ohne ein Wort zu sagen, zu ihnen. Zuerst waren sie überrascht, aber als ich sie nicht unterbrach, nahmen sie ihr «Spiel» mit sechsstelligen Primzahlen wieder auf. Nach einigen Minuten beschloß ich, ebenfalls mitzuspielen, und nannte eine achtstellige Primzahl. Beide wandten sich mir zu und schwiegen plötzlich. Auf ihren Gesichtern lag ein Zug von intensiver Konzentration und vielleicht auch Erstaunen. Es entstand eine lange Pause – die längste, die ich sie je hatte machen sehen, sie muß eine halbe Minute oder länger gedauert haben –, und dann begannen sie plötzlich gleichzeitig zu lächeln.

Nach einer rätselhaften gedanklichen Prüfung hatten sie mit einemmal meine eigene achtstellige Zahl als Primzahl erkannt, und das bereitete ihnen offenbar eine große Freude, eine doppelte Freude: einmal, weil ich sie mit einem verlockenden neuen Spielzeug bekannt gemacht hatte, einer Primzahl, der sie noch nie zuvor begegnet waren, und zum zweiten, weil es ganz offensichtlich war, daß ich erkannt hatte, was sie taten, daß es mir gefiel, daß ich es bewunderte und mich daran beteiligen konnte.

Sie rückten ein Stück auseinander, um mir, dem neuen Zahlenspielkameraden, dem dritten in ihrer Welt, Platz zu machen. Dann dachte John, der immer die Führung übernahm, eine lange Zeit nach – mindestens fünf Minuten lang, während deren ich mich nicht zu rühren wagte und kaum atmete – und nannte eine neunstellige Zahl; nach einer ebenfalls langen Pause antwortete sein Zwillingsbruder Michael mit einer ähnlichen Zahl. Als nun die Reihe wieder an mir war, warf ich heimlich einen Blick in mein Buch und steuerte meinen eigenen, ziemlich unehrlichen Beitrag bei: eine zehnstellige Primzahl, die ich in den Tabellen gefunden hatte.

Wieder und noch länger als zuvor herrschte verwundertes Schweigen. Nach eingehender Kontemplation nannte John schließlich eine zwölfstellige Zahl. Ich konnte sie weder überprüfen noch mit einer eigenen Zahl antworten, denn mein Buch – das meines Wissens einmalig in seiner Art war – hörte bei zehnstelligen Primzahlen auf. Aber Michael war der Herausforderung gewachsen, wenn er auch fünf Minuten dafür brauchte – und eine Stunde später tauschten die Zwillinge zwanzigstellige Primzahlen aus. Das jedenfalls nahm ich an, denn ich besaß keine Möglichkeit, diese Zahlen zu überprüfen. Das war damals, im Jahre 1966, auch gar nicht so einfach, sofern man nicht über einen hochentwickelten Computer verfügte. Und selbst dann wäre es schwierig gewesen, denn es *gibt* keine einfache Art, Primzahlen zu errechnen – ganz gleich, ob man das Sieb des Eratosthenes benutzt oder irgendeine andere Rechenweise. *Es gibt keine einfache Methode, Primzahlen in dieser Größenordnung zu errechnen – und doch taten die Zwillinge genau das.* (Vgl. jedoch die Nachschrift.)

Wieder dachte ich an Dase, von dem ich vor Jahren in Frederic William Henry Myers' faszinierendem Buch *Human Personality* (1903) gelesen hatte: «Wir wissen, daß es Dase (der vielleicht erfolgreichste dieser Zahlenkünstler) in ungewöhnlichem Maße an mathematischem Verständnis mangelte ... Dennoch fertigte er in zwölf Jahren Tabellen der Faktoren und Primzahlen für die siebte und fast die ganze achte Million an – diese Leistung hätten nur wenige Menschen ohne mechanische Hilfsmittel innerhalb eines ganzen Lebens zustande gebracht.»

Man kann ihn daher, schreibt Myers, als den einzigen Mann bezeichnen, der sich um die Mathematik verdient gemacht hat, ohne die Grundrechenarten zu beherrschen.

Was Myers nicht klärt und was vielleicht auch nicht zu klären war, ist die Frage, ob Dase nach einer Methode arbeitete oder ob er (und einfache «Zahlensehen»-Experimente deuteten darauf hin) diese großen Primzahlen irgendwie «sah», wie es bei den Zwillingen offenbar der Fall war.

Während ich die Zwillinge still beobachtete, was für mich nicht schwierig war, da ich auf ihrer Station mein Büro hatte, erlebte ich sie in zahllosen anderen Zahlenspielen oder Zahlendialogen. Worum es dabei genau ging, konnte ich weder feststellen noch erraten.

Es dürfte jedoch wahrscheinlich, wenn nicht sogar sicher sein, daß sie mit «realen» Eigenschaften umgehen, denn der Zufall – zum Beispiel beliebig herausgesuchte Zahlen – bereitet ihnen kein oder nur ein sehr geringes Vergnügen. Ganz bestimmt müssen ihre Zahlen für sie einen «Sinn» ergeben – ähnlich vielleicht dem, den die Harmonie für einen Musiker hat. Unwillkürlich vergleiche ich sie mit Musikern – oder mit meinem ebenfalls retardierten Patienten Martin, der in den heiter-gelassenen, großartigen Klanggebäuden Bachs eine Manifestation der letzten Harmonie und Ordnung der Welt fand, einer Harmonie, die ihm wegen seiner intellektuellen Beschränktheit begrifflich nicht zugänglich war.

«Jeder, der harmonisch gebildet ist», schreibt Sir Thomas Browne, «ergötzt sich an Harmonie ... und am tiefen Nachsinnen über den Höchsten Komponisten. Es ist in ihr mehr Göttliches, als sich dem Ohr erschließt; sie ist eine hieroglyphische und dunkle Lektion über die ganze Welt ... ein spürbarer Anklang an jene Harmonie, die in den Ohren Gottes klingt ... Die Seele ... ist harmonisch und neigt am meisten der Musik zu.»

In *The Thread of Life* (1984) zieht Richard Wollheim einen scharfen Trennstrich zwischen Berechnungen und jenen Phänomenen, die er ‹ikonische› Bewußtseinszustände nennt, und er nimmt auch gleich mögliche Einwände gegen diese Trennung vorweg: «Man könnte gegen die Tatsache, daß alle Berechnungen nicht ikonisch sind, einwenden, daß der Rechnende bisweilen seine Rechnungen optisch auf ein Blatt Papier wirft. Doch das ist kein Gegenbeispiel. Denn in einem solchen Fall wird nicht die Rechnung selbst dargestellt, sondern eine Repräsentation derselben; gerechnet wird in *Zahlen*, visualisiert werden dagegen *Chiffren*, die Zahlen darstellen.»

Von Leibniz dagegen stammt eine verlockende Analogie zwischen Zahlen und Musik: Das Vergnügen, schreibt er, das uns die Musik bereite, rühre vom unbewußten Zählen. Musik sei nichts als unbewußte Arithmetik.

Was also können wir über die Lage sagen, in der sich die Zwillinge und vielleicht noch andere befinden? Lawrence Weschler, der Enkel des Komponisten Ernst Toch, erzählte mir, sein Großvater habe sich eine sehr lange Zahlenkette nach einmaligem Hören sofort merken können, und zwar indem er diese Zahlenkette in eine Melodie «umwandelte» (wobei jeder Zahlenwert einer bstimmten Tonhöhe entsprach). Jedediah Buxton, einer der umständlichsten und zugleich beharrlichsten Arithmetiker aller Zeiten, ein Mann mit einer veritablen, ja pathologischen Leidenschaft für das Rechnen und für Zahlen (wie er selbst sagte, konnte ihn «das Kalkulieren trunken» machen), pflegte Musik und Schauspiel in Zahlen «umzusetzen». «Während des Tanzes», heißt es in einem Bericht aus dem Jahre 1754 über ihn, «betrachtete er aufmerksam die Zahl der Schritte; nach einem schönen Musikstück erklärte er, die zahllosen Töne, die die Musik hervorgebracht habe, hätten ihn über die Maßen verwirrt, und er besuchte sogar Mr. Garrick, nur um die Worte zu zählen, die jener aussprach, was ihm, wie er behauptete, vollkommen gelungen sei.»

Dies ist ein hübsches, wenn auch extremes Beispielpaar – ein Musiker, der Zahlen in Musik, und ein Rechner, der Musik in Zahlen umwandelt. Man findet wohl selten so entgegengesetzte Arten oder Bedingungen des Bewußtseins.[6]

Ich glaube, daß die Zwillinge, die ja überhaupt nicht rechnen können, mit ihrem außerordentlichen «Gefühl» für Zahlen in dieser Beziehung eher Ähnlichkeit mit Toch als mit Buxton haben. Allerdings mit einer Ausnahme, und diese Ausnahme können normale Menschen wie wir uns nur schwer vorstellen: Die Zwillinge «übertragen» Zahlen nicht in Musik, sondern können sie in sich selbst erfühlen, und zwar als «Formen», als «Töne», wie die vielfältigen Formen, die in der Natur vorkommen. Sie sind keine Rechner, und ihr Verhältnis zu Zahlen ist «ikonisch». Sie beschwören seltsame Zahlenszenen, in denen sie sich wie zu Hause fühlen; sie wandern ungezwungen durch riesige Zahlenlandschaften; sie erschaffen, wie Dramatiker, eine ganze Welt von Zahlen. Vermutlich verfügen sie über eine einzigartige Phantasie – zu deren Besonderheiten es gehört, daß sie sich ausschließlich in Zahlen entwickelt. Anscheinend «operieren» sie nicht mit Zahlen wie ein Rechner; sie «sehen» sie unmittelbar, ikonisch, wie eine gewaltige Naturszene.

Fragt man nun weiter, ob es zu diesem «Ikonozismus» wenigstens eine Analogie gibt, dann wird man diese, glaube ich, am ehesten im Geist bestimmter Wissenschaftler finden. Dimitrij Mendelejew zum Beispiel trug stets, auf Karten niedergeschrieben, die Zahlenangaben der Elemente mit sich, bis sie ihm so vertraut waren, daß er sie nicht mehr als Summe ihrer Eigenschaften betrachtete, sondern (in seinen eigenen Worten) als «vertraute Gesichter».[7] Von da an sah er die Elemente ikonisch, physiognomisch, als «Gesichter», die miteinander verwandt waren, wie die Mitglieder einer Familie, und die, *in toto* und periodisch zusammengefügt, das formale Gesicht der Erde darstellten. Ein solcher wissenschaftlicher Geist ist im wesentlich «ikonisch» und «sieht» die gesamte Natur als Gesichter und Szenen, vielleicht auch als Musik. Wenn diese innere «Vision» mit dem Phänomenalen verschmilzt, behält sie trotzdem ein integrales Verhältnis zur Welt der Materie; und wenn dieser Vorgang umgekehrt, von der Sphäre des Psychischen in die des Physikalischen, verläuft, entsteht die sekundäre oder externe Arbeit einer solchen Wissenschaft. («Der Philosoph sucht den Gesamtklang der Welt in sich tönen zu lassen», schreibt Nietzsche, «und ihn aus sich herauszustellen in Begriffen.») Ich glaube, daß die Zwillinge, auch wenn sie schwachsinnig sind, den Gesamtklang der Welt hören – aber sie hören ihn nur in Zahlen.

Unabhängig von der Intelligenz ist die Seele «harmonisch», und für manche, wie zum Beispiel Wissenschaftler und Mathematiker, ist der Sinn für Harmonie wohl in erster Linie durch den Intellekt bestimmt. Dennoch kann ich mir nichts Intellektuelles vorstellen, das nicht auch irgendwie sinnerfüllt ist – wie ja auch das Wort «Sinn» immer diese doppelte Bedeutung hat. Es muß also sinnerfüllt und in gewisser Weise auch «persönlich» sein, denn man kann nichts empfinden, nichts «sinnvoll» finden, wenn es nicht auf irgendeine Weise mit der eigenen Person verknüpft oder verknüpfbar ist.

Die Zwillinge haben, glaube ich, nicht nur eine merkwürdige «Fähigkeit», sondern auch eine Sensibilität für Harmonien, die der Musik vielleicht sehr nahe liegt. Man könnte deshalb natürlich von einer «pythagoreischen» Sensibilität sprechen – verblüffend ist nicht, daß es sie gibt, sondern daß sie offenbar so selten vorkommt. Vielleicht ist das Bedürfnis, eine letztgültige Harmonie oder Ordnung zu finden oder zu erfühlen, ein universales Streben des Geistes, ganz gleich, welche Fähigkeiten er besitzt und welche Gestalt diese Harmonie dabei annimmt. Die Mathematik wurde seit jeher die ‹Königin der Wissenschaften› genannt, und Mathematiker haben die Zahl stets als das große Geheimnis betrachtet und die Welt als eine auf geheimnisvolle Weise durch die Macht der Zahlen organisierte Sphäre gesehen. Sehr schön drückte Bertrand Russell dies im Vorwort zu seiner *Autobiographie* aus: «Mit gleicher Leidenschaft habe ich nach Erkenntnis gestrebt. Ich wollte das Herz der Menschen ergründen. Ich wollte begreifen, warum die Sterne scheinen. Ich habe die Kraft zu erfassen gesucht, durch die nach den Pythagoreern die Zahl den Strom des Seins beherrscht.»

Es mag etwas befremdlich erscheinen, diese schwachsinnigen Zwillinge mit einem Intellekt, einem Geist wie dem von Bertrand Russell zu vergleichen. Dennoch ist dieser Vergleich nicht so weit hergeholt. Die Zwillinge leben ausschließlich in einer Gedankenwelt, die von Zahlen beherrscht wird. Die Herzen der Menschen oder das Funkeln der Sterne interessieren sie nicht. Und doch, so glaube ich, sind Zahlen für sie nicht «nur» Zahlen, sondern Bedeutungen, Boten, deren «Botschaft» die Welt ist.

Sie gehen nicht, wie die meisten Rechner, leichten Herzens an Zahlen heran. Sie interessieren sich nicht für das Rechnen, sie haben kein Verständnis, keine Begabung dafür. Statt dessen sind für sie Zahlen Gegenstand heiterer Betrachtungen – sie treten ihnen mit Respekt und Ehrerbietung entgegen. Für sie sind Zahlen heilig, bedeutungsträchtig. Sie sind *ihr* Mittel – wie die Musik für Martin A. –, das Wirken des Höchsten Komponisten zu begreifen.

Doch Zahlen sind für die Zwillinge nicht nur ehrfurchtgebietend, sie sind auch Freunde – vielleicht die einzigen Freunde, die ihnen in ihrem isolierten, autistischen Leben begegnet sind. Unter zahlenbegabten Menschen ist dies im übrigen eine recht weit verbreitete Empfindung – und Steven Smith, für den «die Methode» alles andere an Bedeutung übertrifft, gibt viele berückende Beispiele dafür an: etwa George Parker Bidder, der über seine frühe Kindheit schrieb: «Zahlen bis hundert waren mir völlig vertraut, sie wurden sogar meine Freunde, und ich kannte alle ihre Verwandten und Bekannten.» Oder der indische Mathematiker Shyam Marathe, ein Zeitgenosse Bidders: «Wenn ich sage, Zahlen seien meine Freunde, dann meine ich, daß ich mich irgendwann in der Vergangenheit einmal mit einer bestimmten Zahl auf verschiedene Arten beschäftigt und bei verschiedenen Gelegenheiten neue und faszinierende Eigenschaften herausgefunden habe, die in ihr verborgen waren. Wenn ich also bei einer Rechnung auf eine bekannte Zahl stoße, dann betrachte ich sie sofort als einen Freund.»

Im Zusammenhang mit der Wahrnehmung von Musik weist Hermann von Helmholtz darauf hin, daß zusammengesetzte Töne tatsächlich analysiert und in ihre Bestandteile zerlegt werden können, daß sie normalerweise aber als Qualitäten, als einzigartige Klangqualitäten und als ein unteilbares Ganzes gehört werden. Er spricht von einer «synthetischen Wahrnehmung», die die Analyse übersteigt und die unanalysierbare Essenz aller musikalischen Empfindung ist. Er vergleicht diese Klänge mit Gesichtern und stellt die Vermutung an, daß wir sie auf dieselbe, persönliche Art und Weise erkennen wie Gesichter. Für das Ohr seien Töne – und ganz gewiß Melodien – *tatsächlich* «Gesichter» und könnten als solche von ihm sofort als «Personen» («Persönlichkeiten») erkannt werden. Ein solches Erkennen setze Zuneigung, Gefühl und eine persönliche Beziehung voraus.

So scheint es auch denen zu gehen, die Zahlen lieben. Auch Zahlen können wie vertraute Gesichter wiedererkannt werden – und das unvermittelte, intuitive, persönliche Gefühl dabei ist: «Ich kenne dich!» Der Mathematiker Wim Klein: «Zahlen sind sozusagen meine Freunde. Für Sie ist das nicht so, stimmt's? Zum Beispiel 3844 – für Sie ist das bloß eine 3, eine 8, eine 4 und noch eine 4. Ich aber sage: ‹Hallo, 62^2!›»

Ich glaube, daß die scheinbar so isolierten

Zwillinge in einer Welt voller Freunde leben, daß sie Millionen, Milliarden von Zahlen haben, denen sie ein freundliches «Hallo» zurufen und die ganz gewiß dieses «Hallo» zurückgeben. Aber keine dieser Zahlen ist zufällig – wie 62^2 –, und soweit ich feststellen konnte, stoßen die Zwillinge auf sie (hier liegt das Geheimnis), ohne die herkömmlichen Methoden oder überhaupt eine Methode anzuwenden. Sie scheinen sich der direkten Erkenntnis zu bedienen – wie die Engel. Sie sehen, ganz unmittelbar, ein Universum, einen Himmel voller Zahlen. Und das verhilft ihnen, so einzigartig, so bizarr es auch sein mag – aber was gibt uns das Recht, hier von einem «pathologischen» Befund zu reden? –, zu einer außerordentlichen Selbstgenügsamkeit und Heiterkeit, die zu zerstören tragisch ausgehen könnte.

Zehn Jahre später *wurde* diese Heiterkeit zerstört. Man beschloß, daß die Zwillinge «zu ihrem eigenen Besten» getrennt werden sollten, um ihre «ungesunden Zwiegespräche» zu unterbinden und sie (wie es im medizinsoziologischen Jargon hieß) «in die Lage zu versetzen, ihrer Umwelt in einer sozial akzeptablen, angemessenen Art entgegenzutreten». So wurden sie 1977 getrennt, was zu Ergebnissen führte, die man entweder als befriedigend oder beklagenswert ansehen kann. Beide wurden in «halboffenen Anstalten» verlegt und verrichteten dort unter strenger Aufsicht für ein Taschengeld niedere Arbeiten. Sie können jetzt sogar mit dem Bus fahren, wenn man ihnen sorgfältige Anweisungen und einen Fahrschein gibt. Sie können sich außerdem relativ sauber und präsentabel halten, obwohl man natürlich ihre Debilität immer noch auf den ersten Blick erkennt.

Dies sind die positiven Aspekte der Bilanz – aber es gibt auch eine negative Seite (die in ihren Krankengeschichten nicht auftaucht, weil sie nie erkannt worden ist). Ohne ihren wechselseitigen «Austausch» von Zahlen, ohne Zeit und Gelegenheit für Kontemplation oder überhaupt irgendeine Form des Austausches – man treibt sie ständig von einer Arbeit zur nächsten – haben sie offenbar ihre merkwürdige numerische Kraft verloren und damit auch ihre größte Freude und den Sinn ihres Lebens. Allerdings scheint man das für einen angemessenen Preis dafür zu halten, daß die beiden jetzt fast unabhängig und «sozial akzeptabel» sind.

Ich fühle mich unwillkürlich an die Behandlung erinnert, die Nadia zugedacht war, einem autistischen Kind mit einer phänomenalen Zeichenbegabung. Auch Nadia wurde einer

Therapie unterzogen, die darauf abzielte, «ihre inneren Kräfte auf anderen Gebieten zu maximieren». Das Ergebnis war, daß sie zu reden begann – und aufhörte zu zeichnen. Nigel Dennis kommentiert: «Wir haben jetzt ein Genie, dem man den Genius genommen hat, so daß nichts weiter übrig ist als eine umfassende geistige Behinderung. Was soll man von einer derart sonderbaren Therapie halten?»

Man sollte hinzufügen – Myers ist in seinem Kapitel über Genies, das er mit einer Betrachtung von «Zahlenwundern» beginnt, auch schon darauf eingegangen –, daß jene Fähigkeit «seltsam» ist und daß sie ebensogut plötzlich verschwinden kann, obwohl sie gewöhnlich ein Leben lang anhält. Für die Zwillinge ging es natürlich nicht nur um die «Fähigkeit», sondern um das seelische und emotionale Zentrum ihres Lebens. Nun sind sie getrennt, nun ist die Fähigkeit verloren und damit auch der Lebenssinn, der Kernpunkt ihres Daseins.[8]

Nachschrift

Als ich Israel Rosenfield das Manuskript zu diesem Kapitel vorlegte, wies er mich darauf hin, daß es auch andere Arten der Arithmetik gibt, die sowohl höher als auch einfacher sind als die «konventionelle» Arithmetik der Rechenoperationen. Er warf die Frage auf, ob die einzigartigen Fähigkeiten (und Behinderungen) der Zwillinge nicht darauf beruhen könnten, daß sie sich einer solchen «Modularithmetik» bedienten. In einer Notiz an mich äußerte er die Vermutung, daß Modulrechenverfahren jener Art, wie sie Ian Stewart im dritten Kapitel seines Buches *Concepts of Modern Mathematics* (1975) beschreibt, die kalendarischen Fähigkeiten der Zwillinge erklären könnten:

«Ihre Fähigkeit, den Wochentag eines bestimmten Datums innerhalb eines Zeitraums von achtzigtausend Jahren zu bestimmen, deutet auf ein relativ einfaches Rechenverfahren hin: Man teilt einfach die Summe der Tage zwischen dem heutigen und dem gewünschten Tag durch sieben. Wenn kein Rest bleibt, fällt das Datum auf denselben Wochentag wie der heutige Tag, wenn ein Rest von eins bleibt, fällt das Datum auf den folgenden Wochentag usw. Bedenken Sie, daß die Modularithmetik zyklisch ist: Sie besteht aus sich wiederholenden Mustern. Vielleicht visualisierten die Zwillinge diese Muster, sei es in Form einfach konstruierter Tabellen, sei es in Form einer ‹Landschaft›, wie der in Stewarts Buch auf Seite 30 abgebildeten Spirale der ganzen Zahlen.

Dies läßt die Frage unbeantwortet, warum die Zwillinge in Primzahlen miteinander kommunizieren. Kalenderberechnungen erfordern jedoch die Verwendung der Primzahl sieben. Und wenn man an Modularithmetik im allgemeinen denkt, so fällt einem auf, daß die Moduldivision *nur dann* geordnete zyklische Muster ergibt, wenn man mit Primzahlen operiert. Da die Primzahl sieben den Zwillingen hilft, Daten und damit auch Ereignisse an bestimmten Tagen in ihrem Leben wiederzufinden, mögen sie festgestellt haben, daß andere Primzahlen Muster ähnlich denen erzeugen, die für ihre Erinnerungsleistungen so bedeutsam sind. (Im Fall der Streichhölzer sagten sie: ‹Einhundertelf – dreimal siebenunddreißig› – beachten Sie, daß es die Primzahl siebenunddreißig war, die die Zwillinge mit drei multipliziert haben.) Es wäre möglich, daß sie nur Primzahlmuster ‹visualisieren› können. Die durch verschiedene Primzahlen gebildeten unterschiedlichen Muster (zum Beispiel Multiplikationstabellen) könnten die Bestandteile jener visuellen Information sein, die sie einander geben, wenn sie eine bestimmte Primzahl wiederholen. Kurz: Die Modularithmetik hilft ihnen vielleicht, ihre Vergangenheit wiederzufinden, und daher ist es möglich, daß die Muster, die durch diese Berechnungen entstehen (und die nur bei Primzahlen auftreten), für die Zwillinge eine besondere Bedeutung erhalten.»

Ian Stewart weist darauf hin, daß man durch den Einsatz dieser Modularithmetik in Situationen, in denen jede «normale» Arithmetik versagt, schnell zu einer eindeutigen Lösung kommt. Dies gilt besonders für das Anpeilen (mit Hilfe des sogenannten «Ablagefachsystems») extrem großer, mit konventionellen Methoden nicht mehr berechenbarer Primzahlen.

Wenn man diese Methoden, diese Visualisierungen, als Rechenverfahren bezeichnen kann, dann sie sind – da sie nicht algebraisch, sondern räumlich, als Bäume, Spiralen, räumliche Anordnungen und «Denklandschaften» strukturiert sind – sehr sonderbare Rechenverfahren, Konfigurationen in einem formalen und doch quasisensorischen geistigen Raum. Israel Rosenfields Bemerkungen und Ian Stewarts Ausführungen über «höhere» Arithmetik (und besonders die Modularithmetik) erregten meine Aufmerksamkeit, denn hierin deutet sich, wenn nicht eine «Lösung», so doch ein tiefer Einblick in sonst unerklärliche Fähigkeiten wie die der Zwillinge an.

Diese höhere oder vertiefte Arithmetik wurde im Prinzip von Gauß entwickelt und 1801 in seinem Werk *Disquisitiones arithmeticae* dargelegt. Sie ist jedoch erst in den letzten Jahren praktisch angewendet worden. Man muß sich fragen, ob es vielleicht nicht nur eine «konventionelle» Arithmetik gibt (das heißt eine Arithmetik der Rechenoperationen), die «unnatürlich» und schwer erlernbar ist und Lehrer wie Schüler oft vor Probleme stellt, sondern auch eine tiefe Arithmetik von der Art, wie Gauß sie beschrieben hat, die der Arbeitsweise des Gehirns ebenso entspricht wie Chomskys Tiefenstruktur und seine generative Transformationsgrammatik. Eine solche Arithmetik könnte in einem Geist wie dem der Zwillinge dynamisch, ja fast lebendig sein: Kugelförmige Zahlenhaufen und -nebel entfalten sich und wirbeln durch ein unablässig expandierendes mentales Universum.

Nach der Veröffentlichung von «Die Zwillinge» erhielt ich zahlreiche Zuschriften, und es setzte ein reger Austausch persönlicher wie wissenschaftlicher Art über das Thema ein. Manche Briefe beschäftigten sich mit dem «Sehen» oder Erfassen von Zahlen, manche mit dem Sinn oder der Bedeutung, die dieses Phänomen haben könnte, manche mit den Neigungen und Empfindungen von Autisten im allgemeinen und damit, wie man sie fördern oder ihnen entgegenwirken kann, und manche mit dem Thema «eineiige Zwillinge». Besonders interessant waren die Briefe von Eltern solcher Kinder, vor allem die Berichte jener Eltern, die durch die Umstände gezwungen waren, das Terrain auf eigene Faust zu erkunden, und denen es gelungen war, ihre Gefühle und ihre Betroffenheit mit einer großen Objektivität zu verbinden. Dies traf beispielsweise auf die Parks zu, die Eltern eines hochbegabten, aber autistischen Kindes.[9] Dieses Kind, Ella Park, war eine talentierte Zeichnerin und besaß, besonders in frühen Jahren, ein stark ausgeprägtes Gefühl für Zahlen. Ella war fasziniert von der «Ordnung» der Zahlen, vor allem der Primzahlen. Dieses eigenartige Gefühl für Primzahlen ist offenbar recht verbreitet. Clara C. Park schilderte mir in einem Brief den Fall eines anderen autistischen Kindes, das sie kannte. Es schrieb «zwanghaft» Papierbögen mit Zahlen voll. «Es waren ausnahmslos Primzahlen», schrieb sie und fügte hinzu: «Diese Zahlen sind Fenster zu einer anderen Welt.» Später schilderte sie mir eine Begegnung, die sie kurz zuvor mit einem jungen Autisten gehabt hatte. Auch er sei von Faktoren und Primzahlen fasziniert gewesen und habe diese sofort als «etwas Besonderes» erkannt. Tatsächlich habe man das Wort «besonders» gebrauchen müssen, um ihn zu einer Reaktion zu bringen:

«Ist an dieser Zahl (4875) irgend etwas Besonderes, Joe?»
Joe: «Sie ist nur durch 13 und 25 teilbar.»
Über eine andere Zahl (7241) sagte er: «Sie ist nur durch 13 und 557 teilbar.»
Und über 8741: «Das ist eine Primzahl.»

Clara C. Park bemerkt dazu: «Niemand in seiner Familie fördert diese Beschäftigung mit Primzahlen; er befaßt sich ausschließlich zu seinem eigenen Vergnügen mit ihnen.»

Wir wissen nicht, *wie es kommt*, daß diese geistig Behinderten die Antworten fast blitzschnell geben können – ob sie sie «ausrechnen», ob sie sie «wissen» (das heißt sich an sie erinnern) oder ob sie sie einfach irgendwie «sehen». Wir wissen nur, daß sie mit Primzahlen eine sonderbare Freude und Bedeutung verbinden. Manches davon scheint mit einem Gefühl für formale Schönheit und Symmetrie zusammenzuhängen, manches aber auch mit einer merkwürdigen assoziativen «Bedeutung» oder «Potenz». Ella bezeichnete dies oft als «magisch»: Zahlen, und vor allem Primzahlen, riefen ihr besondere Gedanken, Bilder, Gefühle und Beziehungen ins Bewußtsein – manche davon waren fast zu «besonders» oder «magisch», um ausgesprochen zu werden. Dies wird in David Parks Arbeit gut beschrieben.

Kurt Gödel hat in einem allgemeinen Zusammenhang ausgeführt, wie Zahlen, zumal Primzahlen, als «Markierungen» für Gedanken, Menschen, Orte oder irgend etwas anderes dienen können; eine solche Markierung würde den Weg zu einer «Arithmetisierung» oder «Bezifferung» der Welt ebnen.[10] Sollte dieser Fall eintreten, dann ist es möglich, daß die Zwillinge und andere, die ebenso veranlagt sind wie sie, nicht mehr lediglich in einer Welt aus Zahlen, sondern *als* Zahlen in der Welt leben werden. Ihr Spiel mit Zahlen, ihre Zahlenmeditation, wird dann eine Art existentieller Meditation sein – und wenn man (wie es David Park manchmal gelingt) den Schlüssel zum

Verständnis dieser Meditation entdeckt, dann wird sie auch eine seltsame und präzise Art der Kommunikation darstellen.

Der letzte Hippie

Such a long, long time to be gone ...
and a short time to be there ...
Robert Hunter, «Box of Rain»

Greg F. wuchs in den fünfziger Jahren als Kind einer wohlhabenden Familie im New Yorker Stadtteil Queens auf. Er war ein attraktiver, recht begabter Junge, der, wie sein Vater, für eine berufliche Karriere prädestiniert schien – vielleicht für eine Karriere als Songwriter, wofür er schon in jungen Jahren Talent zeigte. Doch als Jugendlicher in den späten Sechzigern wurde er rebellisch und stellte so manches in Frage. Er begann das konventionelle Leben seiner Eltern und der benachbarten Familien ebenso zu hassen wie die zynische, kriegslüsterne Politik des Landes. Sein Drang, aufzubegehren, aber zugleich auch nach Idealen zu suchen, nach einem Vorbild, nach Führung, beherrschte ihn vollends 1967, im «Sommer der Liebe». Er ging oft ins Village, hörte nächtelang Allen Ginsberg, begeisterte sich für Rockmusik, besonders Acid Rock, und vor allem für die Gruppe The Grateful Dead.

Er entfremdete sich zunehmend von seinen

Eltern und Lehrern, gegen die er sich aufsässig zeigte und verschloß. Als Timothy Leary 1968 die Jugend Amerikas aufrief: «Tun in, turn on, and drop out», ließ sich Greg die Haare lang wachsen, brach die Schule ab, wo er als guter Schüler gegolten hatte, wandte sich vom Elternhaus ab und schlug seine Zelte im Village auf, wo er LSD nahm und in die Drogenszene des East Village geriet. Wie viele seiner Generation machte er sich auf die Suche nach Utopia, nach der inneren Freiheit und nach «höherem Bewußtsein».

Doch das *turn on*, das «Anturnen» allein befriedigte Greg nicht. Er sehnte sich nach einer kodifizierten Weltanschauung und Lebensweise. 1969 zog es ihn wie viele junge Acid Heads zu Swami Bhaktivedanta und seiner Internationalen Gesellschaft für Krishna-Bewußtsein in der Second Avenue. Unter seinem Einfluß schwor Greg, wie so viele andere, dem LSD ab und fand in religiösen Höhenflügen einen Ersatz für LSD-Highs. («Die einzige Radikalkur gegen Trunksucht», so William James, «ist Religionssucht.») Die Lehre, die Gefolgschaft, das gemeinsame Singen, die Rituale, die asketische und charismatische Gestalt des Swami überkamen Greg wie eine Erleuchtung, und innerhalb kurzer Zeit wurde er ein leidenschaftlicher Anhänger und Konvertit.¹ Nun hatte sein Leben endlich einen Mittelpunkt, einen Fokus. In den ersten exaltierten Wochen nach seiner Bekehrung wanderte er, in safrangelbe Gewänder gekleidet und die Hare-Krishna-Mantren singend, im East Village umher, und Anfang 1970 zog er in den Haupttempel in Brooklyn. Seine Eltern wollten dies zunächst nicht zulassen, widersetzten sich dann aber seinen Wünschen nicht mehr. «Vielleicht wird es ihm helfen», meinte sein Vater, pädagogisch gestimmt. «Wer weiß, vielleicht ist das der Weg, dem er folgen *muß*.»

Das erste Jahr im Tempel verlief reibungslos; Greg war folgsam, aufrichtig, fromm und gläubig. Er ist ein Erwählter, sagte der Swami, einer, der zu uns gehört. Anfang 1971 wurde Greg, nun eng mit der Gemeinschaft verbunden, zum Tempel von New Orleans gesandt. Als er im Tempel von Brooklyn lebte, hatten ihn seine Eltern noch hin und wieder getroffen, nun brachen die Beziehungen vollends ab.

In Gregs zweitem Krishna-Jahr machte sich ein Problem bemerkbar – er spürte, daß seine Sehschärfe abnahm, ein Symptom, das der Swami und andere spirituell deuteten: Er sei ein «Erleuchteter», sagten sie ihm; es sei das «innere Licht», das immer heller in ihm strahle. Greg hatte sich zunächst wegen seiner Sehkraft Sorgen gemacht, doch die spirituelle

Erklärung seines Swami beruhigte ihn. Seine Augen wurden weiterhin zunehmend schwächer, aber er klagte nicht mehr darüber. Und tatsächlich schien er von Tag zu Tag vergeistigter zu werden; eine wunderbare, nie zuvor erlebte Gelassenheit breitete sich in ihm aus. Von seiner früheren Ungeduld und Umtriebigkeit war nichts mehr zu spüren. Manchmal verfiel er in eine Art Benommenheit und starrte mit einem seltsamen (einige sagten: «transzendentalen») Lächeln vor sich hin. «Das ist die Seligkeit», meinte sein Swami, «er wird zum Heiligen.» In dieser Phase seiner Entwicklung, hieß es, brauche er dringend den Schutz der Gemeinschaft. So verließ er den Tempel nicht, unternahm überhaupt nichts mehr ohne Begleitung, und von Kontakten zur Außenwelt wurde ihm nachdrücklich abgeraten.

Seine Eltern erfuhren nichts von ihm selbst, doch erhielten sie gelegentlich Mitteilungen aus dem Tempel, in denen immer häufiger von seinem «spirituellen Wachstum» und seiner «Erleuchtung» die Rede war, Mitteilungen, die derart vage klangen und in einem Maße von der ihnen aus früherer Zeit vertrauten Person Gregs abwichen, daß sie sich immer größere Sorgen machten. Einmal schrieben sie einen Brief an den Swami und erhielten eine besänftigende, abwiegelnde Antwort.

Drei weitere Jahre vergingen, bevor Gregs Eltern beschlossen, sich einen eigenen Eindruck von Gregs Zustand zu verschaffen. Der Vater war damals in schlechter gesundheitlicher Verfassung und fürchtete, er würde seinen «verlorenen» Sohn nie wiedersehen, wenn er noch länger wartete. Nachdem sie dies dem Tempel mitgeteilt hatten, erhielten sie schließlich eine Besuchserlaubnis. So kam es 1975, nach vier Jahren ohne jeglichen Kontakt, zu einem Wiedersehen im Tempel von New Orleans.

Was sich ihren Blicken bot, erfüllte sie mit Entsetzen. Ihr ehemals schlanker Sohn mit seinem schönen Haar war dick und kahl geworden. Sein Gesicht war ständig zu einem «blöden» Lächeln verzogen (so der Ausdruck des Vaters). Immer wieder brachen unversehens Lied- und Versfetzen aus ihm hervor, oder er machte «idiotische» Bemerkungen, und all das ohne Anzeichen tieferer Gefühle («als sei er ausgehöhlt, als sei er innen ganz leer», sagte sein Vater). Für das gegenwärtige Geschehen schien er sich nicht zu interessieren. Er war desorientiert – und völlig blind. Die Tempelgemeinschaft ließ Greg überraschenderweise ziehen – vielleicht war selbst sie zu der Überzeugung gelangt, daß sein Aufstieg zur Erleuchtung zu weit gegangen war, und hatte sich über Gregs Zustand beunruhigt gefühlt.

Greg wurde in einer Klinik untersucht und in die Neurochirurgie eingewiesen. Das Tomogramm zeigte einen riesigen Tumor, der die Hypophyse, die benachbarte Sehnervenkreuzung (Chiasma opticum) sowie Teile der Sehbahn zerstört hatte und sich beidseitig bis in die Stirnlappen erstreckte. Er reichte zudem bis zu den Schläfenlappen und nach unten zum Dienzephalon (Zwischenhirn). Bei der Operation stellte sich heraus, daß es sich um eine gutartige Geschwulst (Meningiom) handelte – doch die Wucherung hatte schon die Größe einer kleinen Pampelmuse oder einer Orange erreicht, und wenn es den Chirurgen auch gelang, sie fast vollständig zu entfernen, konnten sie den bereits angerichteten Schaden nicht beheben.

Greg war nicht nur erblindet, sondern auch neurologisch und psychisch schwer behindert – ein Desaster, das sich hätte vermeiden lassen, wenn man Gregs ersten Klagen über die abnehmende Sehschärfe nachgegangen wäre und medizinischen Sachverstand oder auch nur gesunden Menschenverstand zur Beurteilung seines Befindens aufgeboten hätte. Da keine oder nur geringfügige Besserung erwartet werden konnte, wurde Greg ins Williamsbridge Hospital, eine Klinik für chronisch Kranke, eingewiesen, ein junger Mann von fünfundzwanzig

Jahren, dem jegliche Aussicht auf ein aktives Leben genommen war und dessen Prognose «hoffnungslos» lautete.

Ich traf Greg zum erstenmal im April 1977, als er ins Williamsbridge Hospital verlegt wurde. Ohne Gesichtsbehaarung und kindlich in seinem Verhalten, wirkte er jünger als ein fünfundzwanzigjähriger Mann. Er war fett, glich einem Buddha, und in seinem leeren, ausdruckslosen Gesicht kreisten ziellos zwei blinde Augen in ihren Höhlen, während er bewegungslos in einem Rollstuhl saß. Spontan tat er nichts, er suchte kein Gespräch; doch wenn ich ihn ansprach, antwortete er prompt und angemessen, wobei fremdartige Wörter zuweilen seine Phantasie in Gang setzten und assoziative Abschweifungen auslösten oder ihm Bruchstücke eines Songs oder Gedichts entlockten. Wurde die Zeit zwischen den Fragen nicht ausgefüllt, neigte er dazu, in bleiernes Schweigen zu verfallen, und wenn dieser Zustand mehr als eine Minute anhielt, stimmte er manchmal einen Hare-Krishna-Gesang an oder murmelte ein Mantra vor sich hin. Nach wie vor, sagte er, sei er ein «zutiefst gläubiger Anhänger» der Gemeinschaft, deren Lehren und Zielen er sich verschrieben habe.

Einen zusammenhängenden Bericht erhielt ich von ihm nicht – so wußte er nicht einmal, warum er sich im Krankenhaus befand, und gab dafür, als ich ihn danach fragte, verschiedene Gründe an. Zuerst meinte er: «Weil ich nicht intelligent bin», dann: «Weil ich früher Drogen genommen habe.» Er wußte, daß er im Haupttempel der Hare-Krishna-Sekte gelebt hatte («in einem großen roten Haus, Henry Street Nummer 439 in Brooklyn»), hatte aber vergessen, daß er danach in den Tempel von New Orleans versetzt worden war. Auch konnte er sich nicht daran erinnern, daß sich dort die ersten Symptome seiner Krankheit entwickelt hatten – vor allem der zunehmende Verlust des Augenlichts. Überhaupt schien er sich nicht im geringsten bewußt zu sein, daß er irgendwelche Probleme hatte: daß er blind war, daß er unter Bewegungsausfällen litt, daß eine schwere Erkrankung sein Leben zerstört hatte.

Nicht bewußt – und völlig gleichmütig. Greg wirkte stumpf, ruhiggestellt, gefühlsleer. Diese unnatürliche Gelassenheit hatten seine Glaubensgefährten für «Seligkeit» gehalten. Einmal verwendete Greg denselben Ausdruck. «Wie fühlen Sie sich?» Ich kam unablässig auf diese Frage zurück. «Ich fühle mich selig», erwiderte er eines Tages, «ich habe Angst, wieder der materiellen Welt zu verfallen.» Damals besuchten ihn viele Hare-Krishna-Freunde im Krankenhaus; ich sah oft ihre safrangelben Gewänder in den Fluren. Sie kamen, um den armen, blinden, ruhigen Greg zu sehen, und scharten sich um ihn; für sie war er ein Erleuchteter, der die «Ablösung» erlangt hatte.

Als ich ihn nach Ereignissen und Personen des aktuellen Weltgeschehens fragte, wurde mir klar, wie tief seine Desorientierung und Verwirrung reichten. Auf die Frage, wer gerade Präsident der USA sei, antwortete er: «Lyndon» und ergänzte: «Der, der erschossen wurde.» Ich soufflierte: «Jimmy ...», woraufhin er sagte: «Jimi Hendrix», und als ich auflachte, meinte er, eine Regierung, die nur aus Musikern bestünde, wäre doch eine tolle Idee. Einige weitere Fragen gaben mir die Gewißheit, daß Greg so gut wie keine Erinnerungen an Ereignisse der Zeit nach 1970 besaß, jedenfalls sicher keine kohärenten chronologischen Erinnerungen. Er schien in den Sechzigern zurückgelassen, ausgesetzt worden zu sein – sein Gedächtnis, seine Entwicklung, sein inneres Leben waren damals zum Stillstand gekommen.

Der Tumor, eine langsam wachsende Geschwulst, war sehr groß, als er schließlich 1976 entfernt wurde, doch konnte er Gregs Gehirn nur in den späteren Phasen seines Wachstums, als er das Gedächtnissystem der Schläfenlappen zerstörte, daran gehindert haben, neue Vorgänge zu registrieren. Aber Greg hatte auch teilweise Mühe, sich an Ereignisse aus den späten sechziger Jahren zu erinnern, an Ereignisse also, die er mit Sicherheit in seinem damals noch vollkommen intakten Gedächtnis gespeichert hatte. Außer der Unfähigkeit, neue Ereignisse zu registrieren, war somit auch eine Erosion von Erinnerungsspuren aus der Zeit vor Beginn der Tumorentwicklung (retrograde Amnesie) zu beobachten. Zwischen Erinnern und Vergessen gab es keinen scharfen Einschnitt, sondern eher einen fließenden Übergang, denn an Ereignisse aus den Jahren 1966 und 1967 erinnerte sich Greg vollständig, an solche aus den Jahren 1968 und 1969 zum Teil oder gelegentlich und an das Geschehen nach 1970 so gut wie nie.

Die Schwere seiner unmittelbaren Amnesie ließ sich leicht demonstrieren. Wenn ich ihm einige Wörter von einer Liste nannte, konnte er sich schon nach einer Minute nicht an ein einziges Wort mehr erinnern. Erzählte ich ihm eine Geschichte und bat ihn, sie zu wiederholen, so tat er dies in einer immer verworrener werdenden Weise, mit zunehmenden «Kontaminationen» und Fehlassoziationen (einige drollig, andere äußerst bizarr), bis seine Version nach etwa fünf Minuten nicht mehr die geringste Ähnlichkeit mit meiner hatte. Als ich ihm eine Fabel von einem Löwen und einer Maus erzählte, löste er sich rasch von der ursprünglichen Fassung und ließ die Maus dem Löwen drohen, sie werde ihn verschlingen – aus den Fabeltieren waren eine Riesenmaus und ein Minilöwe geworden. Beide seien mutiert, wollte Greg mir weismachen, als ich ihn zu seinen Abweichungen befragte. Es könnte sich aber auch um Geschöpfe aus einem Traum oder aus einer «anderen Geschichte» handeln, in der Mäuse die Könige des Dschungels seien. Fünf Minuten später erinnerte er sich überhaupt nicht mehr an die Fabel.

Der Sozialarbeiter des Krankenhauses hatte mich auf Gregs Leidenschaft für Musik, vor allem für Rockbands der sechziger Jahre, aufmerksam gemacht. Als ich sein Zimmer betrat, sah ich Stapel von Schallplatten und eine gegen das Bett gelehnte Gitarre. Ich sprach ihn also darauf an, und mit meiner Frage trat eine vollständige Verwandlung ein. Die Unverbundenheit und Gleichgültigkeit schwanden, und er sprach nun sehr lebhaft über seine Lieblingsgruppen und -stücke – vor allem über The

Grateful Dead. «Ich habe sie im Fillmore East und im Central Park gehört», sagte er. Er konnte sich an jedes Detail der Auftritte erinnern, an jeden Song, den die Gruppe gespielt hatte, «aber am meisten mag ich ‹Tobacco Road›». Der Titel weckte die Melodie in ihm, und Greg sang gefühlvoll und eindringlich das ganze Lied, mit einer Tiefe des Gefühls, von der zuvor nicht das geringste zu spüren gewesen war. Er wirkte wie verwandelt, als er sang, wie ein anderer Mensch, ein ganzer Mensch.

«Wann haben Sie die Gruppe im Central Park gehört?»

«Ist schon 'ne Weile her, vielleicht vor einem Jahr oder so», antwortete er. In Wirklichkeit war die Gruppe dort 1969, also acht Jahre zuvor, zum letztenmal aufgetreten. Und das Fillmore East, die berühmte Rock'n'Roll-Bühne, auf der Greg The Grateful Dead auch gesehen hatte, war in den frühen siebziger Jahren geschlossen worden. Er berichtete mir, er habe einmal einen Auftritt von Jimi Hendrix im Hunter College miterlebt, und auch Cream habe er gesehen, mit Jack Bruce am Baß, Eric Clapton an der Leadgitarre und Ginger Baker, einem «phantastischen Schlagzeuger». «Was macht eigentlich Jimi Hendrix?» fragte er nachdenklich. «Man hört neuerdings nicht mehr viel von ihm.» Wir sprachen von den

Rolling Stones und den Beatles – «Tolle Gruppen», meinte Greg, «aber sie hauen mich nicht so um wie die Dead. Das ist 'ne Band!» fuhr er fort. «An die kommt keiner ran. Jerry Garcia ist ein Heiliger, ein Guru, ein Genie. Mickey Hart, Bill Kreutzmann, die Schlagzeuger sind toll. Und Bob Weir und Phil Lesh ... aber vor allem Pigpen – den liebe ich.»

Aufgrund solcher Äußerungen ließ sich die Reichweite seiner Amnesie eingrenzen. An Songs aus dieser Zeit von 1964 bis 1968 konnte er sich genau erinnern. Er kannte noch alle Gründungsmitglieder der Grateful Dead, die Besetzung von 1967. Aber er wußte nicht, daß Pigpen, Jimi Hendrix und Janis Joplin gestorben waren. Sein Gedächtnis brach um 1970 herum (oder etwas früher) ab. Er blieb in den sechziger Jahren gefangen, unfähig, sich fortzubewegen. Er war ein Fossil, der letzte Hippie.

Zuerst wollte ich Greg mit den enormen Ausmaßen der verlorenen Zeit, mit seiner Amnesie, nicht konfrontieren und ihn auch nicht durch unwillkürliche Hinweise darauf aufmerksam machen (die er sicher registriert hätte, denn er reagierte sehr sensibel auf Abweichungen und Tonfall). Deshalb wechselte ich das Thema und sagte: «Ich möchte Sie gern untersuchen.»

Seine Gliedmaßen waren, wie mir auffiel, etwas schwächlich und verkrampft, stärker in der linken Körperhälfte und besonders in den Beinen. Er konnte nicht aus eigener Kraft stehen. Seine Augen waren vollständig atrophiert – es war ihm unmöglich, irgend etwas zu sehen. Merkwürdigerweise schien er sich seiner Blindheit nicht *bewußt* zu sein und glaubte, ich zeige ihm einen blauen Ball und einen roten Stift (während es sich in Wirklichkeit um einen grünen Kamm und eine Taschenuhr handelte.) Auch schien er nicht «hinzublicken»; er machte keine Anstalten, sich mir zuzuwenden, und wenn wir uns unterhielten, schaute er mich oft nicht an, fixierte er mich nicht. Als ich ihn auf das Sehen ansprach, räumte er zwar ein, daß seine Augen «nicht sonderlich gut» seien, fügte aber hinzu, daß er gern «fernsehe». Fernsehen hieß für ihn, wie ich später herausfand, aufmerksam den Geräuschen und Stimmen eines Films oder einer Show zu folgen und dazu passende Vorstellungsbilder zu erfinden (er brauchte dabei nicht einmal seine Augen auf den Fernseher zu richten). Er war davon überzeugt, daß «Sehen» genau dies bedeutete, daß «Fernsehen» genau in dem bestand, was er tat, und daß auch alle anderen

Menschen es so machten. Vielleicht war in ihm nicht nur das Sehen, sondern auch die Idee des Sehens für immer erloschen. Dieser Aspekt von Gregs Blindheit, seine einzigartige Blindheit gegenüber der eigenen Blindheit, der Verlust des Wissens, was «sehen» oder «anschauen» bedeutet, verblüffte mich. Er verwies auf etwas, das seltsamer, komplexer war als ein bloßer «Ausfall», auf eine radikale innere Veränderung, die die Struktur seines Wissens, sein Bewußtsein und seine Identität betraf.[2]

Ich hatte bereits eine vage Vorstellung davon, als ich seine Gedächtnisleistungen prüfte und feststellte, daß sein Erinnerungsvermögen von jedem Gefühl für Vergangenheit (oder Zukunft) abgeschnitten und auf einen einzigen Augenblick – «die Gegenwart» – beschränkt war. Angesichts dieses schwerwiegenden Mangels an Verknüpfung und Kontinuität kam mir der Verdacht, daß er kein Innenleben *besaß*, das diesen Namen verdiente, daß ihm der ständige Dialog zwischen Vergangenheit und Gegenwart, zwischen Erfahrung und Bedeutung fehlte, der unser Bewußtsein und unser Innenleben konstituiert. Greg schien weder ein Gefühl für «das nächste» zu kennen noch die ungeduldige oder ängstliche Spannung der Antizipation, der Intention, die uns im Leben vorantreibt.

Ein Gefühl dafür, wie es weitergeht, was «als nächstes» kommt, begleitet uns stets, und genau dieses Gefühl, daß wir uns fortbewegen, daß etwas geschehen wird, fehlte Greg; er schien, ohne sich dessen bewußt zu sein, eingemauert in einen bewegunglosen, zeitlosen Moment. Während für uns die Gegenwart Bedeutung und Tiefe durch die Vergangenheit erhält (und so zur «erinnerten Gegenwart» wird, wie Gerald Edelman schreibt) und Potentiale und Spannung aus der Zukunft bezieht, war sie für Greg flach und (auf eine ärmliche Art) immer vollständig. Dieses Im-Augenblick-Leben mit seinen so offensichtlich pathologischen Zügen war von den Hare-Krishna-Anhängern im Tempel als höherer Bewußtseinszustand gedeutet worden.

Zieht man in Betracht, daß es sich hier um einen jungen Mann handelte, der wohl für immer in eine Klinik eingewiesen worden war, so schien sich Greg mit bemerkenswerter Leichtigkeit an das Leben im Williamsbridge Hospital zu gewöhnen. Es gab keine wütende Auflehnung, kein Hadern mit dem Schicksal, anscheinend auch kein Gefühl der Schmach oder Verzweiflung. Willfährig und gleichmütig ließ sich Greg in die Williamsbridger Abgeschiedenheit verbannen. Als ich ihn danach fragte, erwiderte er: «Ich habe keine andere Wahl.» Und dies schien so, wie er es sagte, weise und wahr. Greg nahm seine Situation mit philosophischer Gelassenheit hin, doch war dies eine Haltung, die auf seiner Indifferenz, seiner Hirnschädigung beruhte.

Seine Eltern, die sich ihm entfremdet hatten, als er noch gesund und rebellisch war, kamen fast täglich, voller Liebe für ihren Sohn, nun, da er hilflos und krank war; sie konnten sicher sein, daß sie ihn jederzeit, lächelnd und dankbar für ihren Besuch, in der Klinik vorfinden würden. Natürlich «erwartete» er seine Eltern nicht, und das erleichterte es ihnen, hin und wieder einen oder mehrere Tage auszusetzen, wenn sie wegfuhren. Er bemerkte es nicht und zeigte sich bei ihrem nächsten Besuch so herzlich wie immer.

Greg richtete sich rasch ein, mit seinen Rockschallplatten, seiner Gitarre, seinen Hare-Krishna-Perlenketten, seinen Hörbüchern und einem gefüllten Wochenplan – Physiotherapie, Beschäftigungstherapie, Musikgruppen, Schauspiel. Kurz nach der Aufnahme wurde er in eine Station für jüngere Patienten verlegt, wo er dank seines offenen, sonnigen Wesens bald sehr beliebt war. Er kannte seine Mitpatienten und das Pflegepersonal nicht im

eigentlichen Sinne – zumindest einige Monate
lang nicht –, doch war er zu allen gleichmäßig
(wenn auch unterschiedslos) freundlich. Und
es entwickelten sich mindestens zwei besondere Freundschaften, nicht sehr intensiv, aber
doch stabil und von gegenseitigem Verständnis geprägt. Gregs Mutter erinnert sich an
«Eddie, der Multiple Sklerose hatte ... er und
Greg mochten Musik, sie waren in benachbarten Zimmern untergebracht, saßen oft beisammen ... und Judy, sie hatte chronische Polyar-
thritis, verbrachte auch viele Stunden mit
Greg». Eddie sei gestorben und Judy in ein
Krankenhaus nach Brooklyn verlegt worden;
seit Jahren habe kein anderer Greg mehr so na-
hegestanden. Sie erinnere sich gut an die beiden, Greg dagegen nicht: Er habe sich nie nach
ihnen erkundigt, als sie fort gewesen seien.
Vielleicht sei er aber doch ohne sie ein bißchen
trauriger geworden, oder zumindest etwas weniger lebhaft, meinte seine Mutter einmal,
denn sie hätten ihn angeregt, hätten ihn dazu
gebracht, zu reden, Platten zu hören und Limericks zu erfinden, hätten ihn zum Possenreißen
und Singen verführt. Dank ihrer sei er aus jener
«Totenstarre» gerissen worden, in der er sonst
verharre.

Eine Klinik für chronisch Kranke, in der Patienten und Pflegepersonal Jahr für Jahr zu-

sammenleben, gleicht einem Dorf oder einer Kleinstadt: Alle kennen einander und begegnen sich immer wieder. So sah ich Greg häufig in den Fluren, wenn er in seinem Rollstuhl, mit stets dem gleichen fremdartigen, blinden und doch suchenden Ausdruck im Gesicht, zu einer Therapiesitzung oder in den Innenhof gefahren wurde. Und so lernte er mich nach und nach kennen, jedenfalls so weit, daß er meinen Namen behielt. Wann immer wir uns begegneten, fragte er: «Wie geht's, Doktor Sacks? Wann kommt das nächste Buch?» (Eine Frage, die mich damals, in jener elf Jahre währenden, endlos scheinenden Zeit zwischen der Veröffentlichung von *Awakenings – Zeit des Erwachens* und *Der Tag, an dem mein Bein fortging*, eher bedrückte.)

Namen merkte sich Greg somit bei häufigem Kontakt, und bezogen auf sie konnte er sich einige Details über jede neue Person einprägen. Auf diese Weise lernte er Connie Tomaino, die Musiktherapeutin, kennen, die er an ihrer Stimme und am Klang ihrer Schritte stets sogleich wiedererkannte, doch konnte er sich nie daran erinnern, wie und wo er ihr zum erstenmal begegnet war. Eines Tages sprach Greg von einer «anderen Connie», einem Mädchen, das er von der High School her kenne. Sie sei ebenfalls sehr musikalisch. «Wie kommt es, daß ihr Connies alle so musikalisch seid?» scherzte er. Auch die andere Connie, berichtete er, leite Musikgruppen, verteile Noten, spiele Klavierakkordeon beim Singen in der Schule. In diesem Moment dämmerte es uns, daß diese «andere» Connie in Wirklichkeit «unsere» Connie war, was sich bestätigte, als er ergänzte: «Und sie spielte auch Trompete.» (Connie Tomaino ist Berufstrompeterin.) So etwas geschah oft, wenn Greg Dinge in einen falschen Kontext stellte oder sie nicht mehr auf die Gegenwart beziehen konnte.

Gregs Vorstellung, es gebe zwei Connies, seine Aufspaltung der einen Connie in zwei Personen, war bezeichnend für die Verwirrung, in die er manchmal geriet, für das Bedürfnis, zusätzliche Personen zu erfinden, da er sich Identität nicht im zeitlichen Verlauf merken oder vorstellen konnte. Durch stetig wiederholtes, konsistentes Erleben erfaßte er mitunter einige Fakten, und diese behielt er in Erinnerung. Aber die Fakten waren isoliert, ihres Zusammenhangs beraubt. Eine Person, eine Stimme, ein Ort wurden ihm Schritt für Schritt «vertraut», nur erinnerte er sich nicht, wo er diese Person getroffen, diese Stimme gehört, diesen Ort gesehen hatte. Sein kontextuelles (oder «episodisches») Gedächtnis war, wie bei den meisten Menschen mit Amnesie, schwer geschädigt.

Andere Formen des Erinnerns waren dagegen erhalten geblieben. So fiel es Greg leicht, sich Lehrsätze der Geometrie, die er in der Schule erlernt hatte, in Erinnerung zu rufen und sie auch anzuwenden. Er erkannte zum Beispiel sofort, daß zwei Seiten eines Dreiecks zusammen immer länger sind als die dritte. Sein semantisches Gedächtnis, wie es genannt wird, war also weitgehend intakt. Auch hatte er sich seine Fähigkeit bewahrt, Gitarre zu spielen, ja Greg erweiterte sein Repertoire und eignete sich mit Connies Hilfe neue Akkorde und Zupftechniken an; und er lernte sogar, auf der Schreibmaschine zu schreiben – somit schien also auch sein prozedurales Gedächtnis unbeeinträchtigt zu sein.

Langsam gewöhnte er sich an die neuen Lebensumstände; nach drei Monaten fand er sich in der Klinik zurecht und konnte allein zur Cafeteria, ins Kino, in den Hörsaal und in den Innenhof gehen, zu seinen Lieblingsplätzen. Er lernte unsäglich langsam, doch hatte er einmal etwas erfaßt, blieb es ihm verläßlich im Gedächtnis.

Es war offensichtlich, daß Gregs Tumor komplexe und absonderliche Schädigungen hervorgerufen hatte. Vor allem hatte er Strukturen an der medialen oder Innenseite beider Schläfenlappen zusammengedrückt oder zerstört, insbesondere den Hippocampus und die benachbarten Rindenfelder, Regionen, die für die Speicherung neuer Erfahrungen von zentraler Bedeutung sind. Eine solche Schädigung verhindert die Aufnahme von Informationen über neue Tatsachen und Ereignisse – sie hinterlassen keine explizite, bewußte Erinnerung. Doch obwohl Greg sehr häufig nicht mehr fähig war, sich Ereignisse, Begegnungen oder Tatsachen zurückzurufen, so konnte er doch eine unbewußte, implizite Erinnerung an sie bewahren, eine Erinnerung, die sich dann in seinem Auftreten und Verhalten bemerkbar machte. Dieses implizite Erinnerungsvermögen erlaubte es ihm, sich nach und nach mit den räumlichen Verhältnissen und dem Tagesablauf im Krankenhaus vertraut zu machen, einige Leute vom Personal kennenzulernen und ein Gefühl dafür zu bekommen, ob bestimmte Personen (oder Situationen) angenehm oder unangenehm waren.[3]

Explizites Lernen setzt voraus, daß die medialen Systeme der Schläfenlappen intakt sind, während implizites Lernen eher primitiven und diffusen Wegen folgt (wie dies auch bei einfachen Konditionierungs- und Gewöhnungsprozessen der Fall ist). Explizites Lernen erfordert die Konstruktion komplexer Perzepte – Synthesen von Repräsentationen aus allen Teilen der Hirnrinde –, die zu einer kontextuellen Einheit oder «Szene» zusammengefügt werden. Solche Synthesen verbleiben höchstens ein, zwei Minuten im Bewußtsein, in der Spanne des Kurzzeitgedächtnisses, und lösen sich danach auf, es sei denn, sie finden den Weg zum Langzeitgedächtnis. Das Einprägen auf höherer Ebene ist ein vielstufiger Prozeß, zu dem auch der Transfer von Wahrnehmungen (oder Wahrnehmungssynthesen) vom Kurzzeit- zum Langzeitgedächtnis gehört. Und gerade dieser Transfer fällt bei Menschen mit Schläfenrindenschädigungen aus. Greg kann folglich einen komplizierten Satz verstehen und fehlerfrei wiederholen, sobald er ihn gehört hat, doch nach drei Minuten (oder früher, wenn er kurz abgelenkt wird) ist jede Spur von ihm, jede Vorstellung von seiner Bedeutung, jede Erinnerung daran, daß er je existierte, gelöscht.

Larry Squire, ein Neuropsychologe an der University of California in San Diego, dank dessen bahnbrechenden Forschungen es gelungen ist, diese Rangierfunktion des Schläfenlappen-Gedächtnissystems zu ergründen, spricht von der Kurzlebigkeit und Zerbrechlichkeit des Kurzzeitgedächtnisses bei *allen* Menschen. Manchmal entfällt uns eine Wahrnehmung, ein Bild oder ein Gedanke, etwas, das wir gerade eben noch ganz klar im Kopf hatten (das bekannte Erlebnis «Verflixt, ich hab vergessen, was ich sagen wollte!»), doch nur bei amnestischen Patienten ist diese Zerbrechlichkeit voll ausgebildet.

Obwohl also Greg, nachdem er nicht mehr in der Lage ist, Wahrnehmungen und Spuren im Kurzzeitgedächtnis in dauerhafte Erinnerungen zu überführen, für immer in den sechziger Jahren steckenbleiben wird, als seine Fähigkeit, Neues zu erlernen, zusammenbrach, ist es ihm doch irgendwie gelungen, sich den Bedingungen anzupassen und einiges aus seiner Umgebung, wenn auch nur sehr langsam und lückenhaft, in sich aufzunehmen.[4]

Bei einigen amnestischen Patienten (wie bei Jimmie mit dem Korsakow-Syndrom, den ich in der Fallgeschichte «Der verlorene Seemann» beschrieben habe) ist die Hirnschädigung fast ausschließlich auf die Gedächtnissysteme des Zwischenhirns und des medialen Anteils der Schläfenlappen beschränkt. Andere Patienten (wie Mr. Thompson, dessen Fall ich in «Eine Frage der Identität» geschildert habe) leiden nicht nur unter Amnesie, sondern auch unter Stirnhirnsyndromen. Und bei einer weiteren Gruppe von Patienten, zu der auch Greg mit seinem Riesentumor gehörte, ist darüber hinaus noch ein dritter Bereich geschädigt, der tief unterhalb der Hirnrinde im Zwischenhirn oder Dienzephalon liegt. Die weit fortgeschrittene Läsion war bei Greg für das vielschichtige Krankheitsbild mit hier und da überlagerten oder sogar widersprüchlichen Symptomen und Syndromen verantwortlich. Zwar war seine Amnesie primär durch die Schädigung der Schläfenlappensysteme verursacht worden, doch spielte auch die Beeinträchtigung des Zwischenhirns und der Stirnlappen eine Rolle. Ebenso waren seine Ausdruckslosigkeit und Indifferenz auf die Läsion der Stirnlappen, des Zwischenhirns und der Hypophyse zurückzuführen, die in unterschiedlichem Ausmaß zu diesem Zustand beitrugen. Gregs Tumor hatte in der Tat zuerst die Hypophyse angegriffen, was zur Gewichtszunahme und zum Haarausfall und dann zur Dämpfung der hormonell gesteuerten Aggressivität und Bestimmtheit und damit zu seiner abnormen Unterwürfigkeit und Gelassenheit geführt hatte.

Das Zwischenhirn ist vor allem für die Regulierung elementarer Lebensfunktionen – Schlaf, Hunger, Libido – zuständig. Sie alle waren bei Greg auf einen Tiefstand abgeebbt. Er hatte keine sexuellen Bedürfnisse (oder äußerte sie nicht), er dachte nicht an Essen oder drückte nie den Wunsch zu essen aus, es sei denn, man setzte ihm eine Mahlzeit vor. Er schien ganz in der Gegenwart zu leben und nur auf die um ihn herum vorhandenen Reize zu reagieren. Wurde er nicht stimuliert, glitt er in eine Art Dämmerschlaf ab.

Ließ man Greg allein, hielt er sich, ohne Anzeichen spontaner Aktivität, stundenlang auf der Station auf. Diese Trägheit wurde von den Krankenschwestern zuerst als «Grübeln» beschrieben, im Tempel war sie als «Meditieren» angesehen worden; mein Eindruck war, daß es sich um einen zutiefst pathologischen «Leerlauf» beinahe ohne Bewußtseinsinhalte oder Gefühle handelte. Es war schwer, einen Namen für diesen Zustand zu finden, der sich vom regen, aufmerksamen Wachsein ebenso unterschied wie vom Schlaf – die Ausdruckslosigkeit ähnelte keinem der normalen Zustände. Sie erinnerte mich an die Leere, die ich an einigen meiner postenzephalitischen Patienten beobachtet hatte, und auch bei ihnen ging sie mit einer tiefgreifenden Läsion des

Zwischenhirns einher. Sobald aber Greg angesprochen oder durch Töne (besonders durch Musik) angeregt wurde, «kam er zu sich», «erwachte» er auf wunderliche Weise.

Wenn Greg «erwacht» war und seine Hirnrinde wieder aktiv wurde, fiel einem auf, daß die Belebung selbst etwas Fremdartiges hatte – etwas Ungehemmtes, Schrulliges, Eigenheiten, die gewöhnlich auftreten, wenn die orbitalen Anteile der Stirnlappen (das heißt die den Augen benachbarten Bereiche) geschädigt sind, wie dies beim sogenannten Stirnhirnsyndrom der Fall ist. Die Stirnlappen bilden den komplexesten Teil des Gehirns. Sie sind nicht für die «niederen» Funktionen von Bewegung und Empfindung zuständig, sondern für die höchsten, für die Integration aller Urteile und Verhaltensweisen, aller Vorstellungen und Gefühle zur jeweils einmaligen Identität, die wir als «Persönlichkeit» oder «Selbst» bezeichnen. Schädigungen in anderen Hirnbereichen verursachen bestimmte Empfindungs-, Bewegungs- oder Sprachausfälle oder beeinträchtigen spezifische Wahrnehmungs-, Erkenntnis- und Gedächtnisfunktionen. Stirnhirnläsionen dagegen führen zu subtileren und tiefergreifenden Störungen der personalen Identität.

Und genau dies – nicht seine Blindheit oder seine Schwäche oder seine Orientierungslosigkeit oder seine Amnesie – war es, was Gregs Eltern so erschreckte, als sie ihn 1975 wiedersahen. Er war nicht nur schwer geschädigt, sondern hatte sich auch bis zur Unkenntlichkeit verändert, war, um einen Ausdruck seines Vaters zu zitieren, durch eine Art Simulakrum, einen Wechselbalg, «enteignet» worden, der Gregs Stimme, Art, Humor und Intelligenz, nicht aber dessen «Geist» oder «Wirklichkeit» oder «Tiefe» besaß. Die Witzeleien und die Leichtfertigkeit dieses Wechselbalgs bildeten einen erschreckenden Kontrapunkt zu der furchtbaren Tragik des Geschehens.

Witzeleien sind in der Tat ein charakteristisches Merkmal des Stirnhirnsyndroms. Sie sind ein so auffälliges Symptom, daß sie eine eigene Bezeichnung erhalten haben, nämlich «Witzelsucht». Irgendeine Zurückhaltung, eine gewisse Vorsicht oder Hemmung ist zerstört, so daß Patienten mit diesem Syndrom dazu neigen, unmittelbar und maßlos auf alles zu reagieren, was sich um sie herum und in ihnen abspielt – auf fast jeden Gegenstand, jede Person, jede Empfindung, jedes Wort, jeden Gedanken, jede Gefühlsregung, jede Nuance und Tonschwankung.

In solchen Zuständen ist der Drang zu Wortspielen und Witzen nicht zu bändigen. Als ich einmal in Gregs Zimmer war, schaute ein anderer Patient vorbei. «Das ist Bernie», sagte ich. «Bernie Hörnie», witzelte Greg. Ein andermal suchte ich ihn im Speisesaal auf, wo er auf das Mittagessen wartete. Als eine Krankenschwester rief: «Mittagessen ist da!», gab er wie aus der Pistole geschossen zurück: «Und alle schrein Hurra!» Als sie fragte: «Soll ich die Haut vom Hähnchen wegschneiden?», antwortete er unvermittelt: «Ja, zeig mir mal 'n Stück Haut.» – «Wie, du möchtest die Haut doch?» fragte sie verwirrt zurück. «Nee, war nur 'n Spruch.» Greg war in gewissem Sinne übernatürlich empfindsam, aber es war eine passive Empfindsamkeit, wahllos und ohne Fokus. Zu Differenzierungen ist eine solche Empfindsamkeit nicht fähig: Das Großartige, das Triviale, das Sublime und das Lächerliche werden beliebig vermischt und als gleichwertig behandelt.[5] Kindliche Spontaneität und Naivität können sich in den jähen, unbedachten und oft spielerischen Reaktionen dieser Patienten offenbaren. Und doch verbirgt sich letztlich etwas Beunruhigendes und Bizarres hinter ihnen, weil die reagierende Psyche (die nach wie vor intelligent und kreativ sein kann) ihre Kohärenz, ihre Inwendigkeit, ihre Autonomie, ihr «Selbst» verloren hat und zur Sklavin vorbeirauschender Empfindungen geworden ist. Der französische Neurologe François Lhermitte spricht von einer «Umweltabhängigkeit» dieser Patienten, von einem Mangel an psychischer Distanz zwischen ihnen und ihrer Umgebung. Dies galt auch für Greg: Er schlang seine Umgebung in sich hinein und wurde von ihr verschlungen – er konnte sich selbst nicht mehr von ihr unterscheiden.[6]

Traum und Wachzustand sind für uns gewöhnlich klar getrennt – das Träumen ist in den Schlaf eingebettet und hat seine eigene Freiheit, weil es von äußeren Wahrnehmungen und Handlungen abgeschnitten ist, während Wahrnehmen bei wachem Bewußtsein durch die Realität beschränkt wird.[7] Bei Greg dagegen schien sich die Grenze zwischen Wachzustand und Schlaf aufgelöst zu haben, und was daraus entstand, war so etwas wie ein Wachtraum, ein ins Freie gelassener Traum, aus dem Phantasiebilder, Assoziationen und Symbole hervorquollen und sich mit den Wahrnehmungen des wachen Bewußtseins verwoben.[8] Diese Assoziationen waren oft wunderlich und manchmal surrealistisch. Sie ließen die Macht der Phantasie, besonders aber jener Mechanismen (Verschiebung, Verdichtung, Überdetermination usw.) sichtbar werden, die Freud als Charakteristika des Traums beschrieben hat.

All dies zeigte sich bei Greg sehr deutlich. Oft verfiel er in einen halbtraumartigen Zustand, in dem ihn, wenn die normale Kontrolle und Selektivität des Denkens ausfielen, seine teils von ihren Fesseln befreite, teils unter Zwang stehende Phantasie und Gewitztheit beherrschten. Diesen Zustand als pathologisch einzustufen war unumgänglich und doch unzureichend, denn es gab in ihm auch ursprüngliche, kindliche, spielerische Elemente. Gregs absurde, oft gnomische Äußerungen und seine vermeintliche Gelassenheit (in Wahrheit Ausdruckslosigkeit) gaben ihm den Anschein von Unschuld und Weisheit, verliehen ihm auf der Station einen besonderen Status, mehrdeutig, doch respektiert: der heilige Narr.

Obwohl ich als Neurologe von Gregs «Syndrom» und seinen «Ausfällen» sprechen mußte, schien mir diese Betrachtungsweise nicht auszureichen, um ihn zu beschreiben. Ich hatte das Gefühl – und das ging auch anderen so –, daß er zu einer Person anderer «Art» geworden war, daß ihm die Stirnhirnläsion zwar seine frühere Identität geraubt, ihm aber auch so etwas wie eine neue Identität oder Persönlichkeit, wenn auch fremdartig und vielleicht primitiv, gegeben hatte.

Wenn Greg allein war, in einem der Flure, erschien er wie unbelebt. Sobald er sich jedoch in Gesellschaft befand, wurde er zu einer anderen Person. Er «kam zu sich», war lustig, charmant, unbefangen und gesellig. Alle mochten ihn, allen antwortete er ohne Zögern und Arglist, locker und humorvoll; und wenn er auch in seinen Interaktionen und Reaktionen bisweilen zu leichtfertig oder schnoddrig oder unüberlegt war und zudem jede Erinnerung an sie innerhalb von Minuten verlor – nun, es gab Schlimmeres, es war verständlich, eine der Folgen seiner Krankheit. So war man sich in einem Hospital für chronisch Kranke wie dem unseren, in dem Schwermut, Wut und Hoffnungslosigkeit den Ton angeben, des glücklichen Umstands sehr bewußt, daß es einen Patienten wie Greg gab, einen Menschen, der nie den Eindruck machte, schlecht gelaunt zu sein, und der, wenn andere ihn anregten, stets vergnügt, euphorisch war.

Infolge seiner Krankheit schien Greg auf eine merkwürdige Weise vital und gesund zu sein – er strahlte eine Fröhlichkeit, Originalität, Offenheit, Überschwenglichkeit aus, die andere Patienten, ja wir alle, in kleinen Dosen zu schätzen wußten. Und so «schwierig», so gequält, so rebellisch er vor seiner Krishna-Zeit gewesen sein mochte – sein Zorn, seine Pein, seine Angst schienen nun verflogen zu sein; er schien seinen Frieden gefunden zu haben. Sein Vater, der in Gregs stürmischen Tagen vor dessen «Zähmung» durch Drogen, Religion und den Tumor eine furchtbare Zeit hatte durchstehen müssen, sagte mir einmal in einem ungeschützten Moment: «Es kommt mir so vor, als hätte man an ihm eine Lobotomie durchgeführt.» Und er ergänzte ironisch: «Wer braucht denn schon Stirnlappen?»

Eine der auffälligsten Eigenarten des menschlichen Gehirns ist der hohe Entwicklungsgrad der Stirnlappen, die bei anderen Primaten weit weniger ausgebildet und bei allen anderen Säugetierarten kaum zu erkennen sind. Sie sind der Teil des Gehirns mit dem stärksten Wachstum nach der Geburt (eine Entwicklung, die erst etwa im siebten Lebensjahr zum Abschluß kommt). Doch die Erforschung der Funktionen und der Rolle der Stirnlappen durchlief eine Geschichte voller Umwege und Unklarheiten, und auch heute sind noch viele Fragen offen. Diese Unsicherheiten lassen sich an dem berühmten Fall des Phineas Gage und den von 1848 bis heute vorgetragenen Deutungen und Mißdeutungen dessen, was ihm widerfahren war, gut veranschaulichen. Gage war ein tüchtiger Vorarbeiter eines Trupps von Gleisbauern, der im September 1848 beim Verlegen einer Schienenstrecke in der Nähe Burlingtons im Bundesstaat Vermont einen schrecklichen Unfall erlitt. Er war gerade dabei, eine Sprengung vorzubereiten und hantierte mit einem Stampfbarren (einem etwa dreizehn Pfund schweren brecheisenähnlichen Werkzeug von einem Meter Länge), als die Ladung vorzeitig explodierte und ihm das Eisen durch den Kopf trieb. Gage wurde zu Boden geschleudert, aber erstaunlicherweise nicht getötet. Er war nur einen Moment lang benommen, stand dann auf und fuhr auf einem Wagen in die Stadt, wo er anscheinend bei vollem Verstand, ruhig und hellwach ankam. Den Ortsarzt begrüßte er mit den Worten: «Doktor, hier gibt's 'ne Menge für Sie zu tun.»

Kurz nach der Verletzung bildete sich ein Eiterherd im Stirnhirn, und Gage hatte hohes Fieber, doch nach einigen Wochen besserte sich sein Zustand, und Anfang 1849 wurde er als «völlig geheilt» aus der ärztlichen Behandlung entlassen. Daß er den Unfall überlebt hatte, galt als medizinisches Wunder, und daß die massive Schädigung der Stirnlappen anscheinend folgenlos geblieben war, schien die Ansicht zu untermauern, daß sie entweder keine Funktion besäßen oder nur solche, die auch von den anderen, unversehrten Hirnregionen übernommen werden konnten. Im frühen neunzehnten Jahrhundert, während die

Phrenologen, die jedem geistigen und sittlichen Vermögen einen «Sitz» auf der Hirnoberfläche zuwiesen, die Diskussion bestimmt hatten, setzte in den dreißiger und vierziger Jahren eine Gegenbewegung ein, die dazu führte, daß das Gehirn zuweilen nur noch als undifferenziertes Gebilde angesehen wurde, ähnlich wie die Leber. So schrieb der große Physiologe Flourens: «Das Gehirn scheidet Gedanken aus wie die Leber Galle.» Daß sich Gages Verhalten offenbar nicht verändert hatte, schien für diese Auffassung zu sprechen.

Der Einfluß dieser Lehre war so stark, daß trotz der tatsächlich schon wenige Wochen nach dem Unfall in anderen Zusammenhängen festgestellten deutlichen Anzeichen einer radikalen Veränderung in Gages «Charakter» zwanzig Jahre vergingen, bis der Arzt John Martyn Harlow, der den Vorarbeiter am gründlichsten untersucht hatte (und nun offenbar von einer neuen Theorie geleitet wurde, die postulierte, das Nervensystem sei in verschiedene Ebenen gegliedert, wobei die «höheren» die «niederen» hemmten und zügelten), eine lebendige Beschreibung all dessen vorlegte, was 1848 ignoriert oder nicht erwähnt worden war:

Gage ist vorwitzig, respektlos, verfällt von Zeit zu Zeit in gröbste Profanität (was zuvor nicht seine Art gewesen war), begegnet seinen Mitmenschen nur mit geringer Achtung, ist ungehalten gegenüber Beschränkungen und Ermahnungen, wenn sie sich seinen Wünschen in den Weg stellen, und dies zuweilen mit hartnäckiger Sturheit, ist aber auch launisch und unstet, schmiedet immerzu Pläne, die er unvermittelt wieder aufgibt, sobald sich andere, vermeintlich aussichtsreichere abzeichnen. In seinen geistigen Fähigkeiten und Äußerungen ist er ein Kind, in seinen animalischen Leidenschaften dagegen ein kraftvoller Mann. Vor seiner Verletzung besaß er, obwohl er nie die Schule besucht hatte, einen ausgewogenen Verstand, und alle Leute, die ihn kannten, sahen in ihm einen geschickten, tüchtigen Menschen, der energisch und beharrlich seine Ziele verfolgte. In dieser Hinsicht hat sich sein Geist derartig tiefgreifend gewandelt, daß seine Freunde und Bekannten meinen, er sei «nicht mehr Gage».

Eine Art «Enthemmung» war durch die Stirnhirnverletzung verursacht worden, die etwas Animalisches oder Kindliches hervortreten ließ, so daß Gage nun zum Sklaven seiner Launen, seiner Gelüste, der unmittelbaren Reize aus seiner Umgebung wurde. Nichts erinnerte mehr an seine frühere Bedachtsamkeit, an das Abwägen von Erfahrungen und Zielen, an seine Sorge um Mitmenschen und seine Verantwortlichkeit.[9]

Aber Erregtheit, innere Entbindung und Enthemmung sind nicht die einzigen möglichen Wirkungen einer Stirnhirnläsion. David Ferrier (der durch seine «Gulstonian Lectures» von 1879 Mediziner rund um den Globus mit dem Fall bekannt machte) beobachtete 1876 ein anderes Syndrom an Affen, denen er die Stirnlappen entfernt hatte:

> Der scheinbaren Abwesenheit physiologischer Symptome zum Trotz, konnte ich eine eindeutige Veränderung im Charakter und im Verhalten dieser Tiere beobachten ... Sie zeigten kein aktives Interesse für ihre Umgebung und verfolgten nicht mehr neugierig all das, was in ihr Wahrnehmungsfeld eintrat, sondern waren apathisch, schwerfällig und dösten vor sich hin; dabei reagierten sie nur noch auf momentane Empfindungen und Eindrücke oder wechselten von ihrer Teilnahmslosigkeit jäh zu einem unruhigen, ziellosen Umhertrotten über. Ihnen war nicht die Intelligenz genommen, wohl aber,

wie es schien, das Vermögen aufmerksamen, intelligenten Beobachtens.

Um 1880 setzte sich die Erkenntnis durch, daß Stirnhirngeschwulste Symptome verschiedenster Art hervorrufen können – manchmal Teilnahmslosigkeit, Stumpfheit, eine Verlangsamung der geistigen Tätigkeit, manchmal eine eindeutige Persönlichkeitsveränderung und den Verlust der Selbstkontrolle, gelegentlich sogar (nach Gowers) «chronisches Irresein». Der erste chirurgische Eingriff an einem Stirnhirntumor fand 1884 statt, und die erste Stirnhirnoperation bei rein psychiatrischer Indikation wurde 1888 aufgrund der vagen Vermutung durchgeführt, die Zwangsvorstellungen, Halluzinationen und Wahnzustände dieser (vermutlich schizophrenen) Patienten seien die Folge einer krankhaften Hyperaktivität der Stirnlappen.

Weitere Übergriffe dieser Art blieben der Menschheit in den nächsten fünfundvierzig Jahren erspart, bis der portugiesische Neurologe Egas Moniz in den dreißiger Jahren ein chirurgisches Verfahren entwickelte, das er «präfrontale Leukotomie» nannte und ohne Zögern an zwanzig Patienten – einige litten an Angstzuständen und Depression, andere an chronischer Schizophrenie – ausprobierte. Die

Ergebnisse, auf die er verwies, stießen auf großes Interesse, als 1936 seine Monographie erschien, und im Schwange der Begeisterung über die neuen therapeutischen Perspektiven wurde Moniz' mangelnde methodische Strenge, seine Rücksichtslosigkeit und vielleicht auch Unehrlichkeit übersehen. Die Arbeit dieses Neurologen führte weltweit – in Brasilien, Kuba, Rumänien, Großbritannien, vor allem aber Italien – zu einer eruptiven Ausbreitung der «Neurochirurgie» (auch diesen Ausdruck hat er geprägt). Die größte Resonanz fand das Verfahren jedoch in den USA, wo der Neurologe Walter Freeman eine grausige neue Form der Neurochirurgie erfand, die er als «transorbitale Lobotomie» bezeichnete und mit folgenden Worten beschrieb:

> Das Verfahren besteht darin, sie durch einen elektrischen Schock auszuschalten und, während sie unter «Anästhesie» sind, einen Eispickel zwischen Augapfel und Lid durch das Dach der Augenhöhle direkt in den Stirnlappen des Gehirns zu stoßen. Der Lateralschnitt wird durchgeführt, indem man das Instrument hin und her bewegt. Ich habe zwei Patienten beidseitig und einen anderen an einer Kopfseite ohne irgendwelche Komplikationen behandelt, abgesehen von

einem stark blutunterlaufenen Auge. Vielleicht treten später Schwierigkeiten auf, doch es schien ein harmloser Eingriff zu sein, wenn es auch mit Sicherheit kein schöner Anblick war. Man wird sehen müssen, wie diese Fälle zurechtkommen; bis jetzt jedenfalls berichten sie von einer erheblichen Linderung ihrer Beschwerden und nur von wenigen geringfügigen Verhaltensproblemen, wie sie nach einer Lobotomie üblich sind. Die Patienten können sogar etwa eine Stunde nach der Operation aufstehen und nach Hause gehen.

Diese mit der kalten Routine eines Verwaltungsvorgangs durchgeführte «Eispickeloperation» rief nicht etwa Bestürzung und Entsetzen hervor, wie man es erwarten sollte, sondern wurde zum vielfach nachgeahmten Vorbild. Bis 1949 wurden in den USA mehr als zehntausend solcher Eingriffe vorgenommen und weitere zehntausend in den zwei folgenden Jahren. Moniz wurde als «Retter» gefeiert und erhielt 1951 den Nobelpreis, auf dem Höhepunkt, um mit Macdonald Critchley zu sprechen, «dieser Chronik der Schande».

Erreicht wurde natürlich in Wirklichkeit nie eine «Heilung», sondern ein Zustand der Sanftmut und der Passivität, von «Gesundheit» vielleicht weiter entfernt als die ursprünglichen Symptome und, im Gegensatz zu diesen, ohne Aussicht, sie je beheben oder rückgängig machen zu können. Robert Lowell schreibt in «Erinnerungen an West Street und Lepke» über den lobotomisierten, zum Tode verurteilten Bandenführer Louis Lepke:

> Schlaff, kahl, gehirnoperiert,
> ließ er sich schafsgelassen treiben,
> von keiner peinigenden Revision
> in der gespannten Sammlung auf den
>   Todesstuhl gestört –
> einer Oase gleich in seinem Dunst
> verlorener Zusammenhänge schwebend ...

Als ich zwischen 1966 und 1990 an einer psychiatrischen Klinik arbeitete, sah ich Dutzende dieser mitleiderregenden lobotomisierten Patienten, die sogar noch viel schwerer geschädigt waren als Lepke. Einige waren psychisch tot – ihre «Heilung» hatte sie umgebracht.[10]

Ob die in den achtziger Jahren des neunzehnten Jahrhunderts verbreitete und später von Moniz übernommene vereinfachende Auffassung, es gebe in den Stirnlappen eine Vielzahl pathologischer, Geisteskrankheiten verursachender Schaltkreise, zutrifft oder nicht – die großen geistigen Fähigkeiten, die sie repräsentieren, haben in jedem Falle eine Kehrseite. Das Gewicht des Bewußtseins und des Gewissens, der Pflicht und Verantwortung kann uns manchmal derart belasten, daß wir uns nach einer Befreiung aus den Fesseln der Hemmungen, der Vernunft und Nüchternheit sehnen. Wir sehnen uns nach Erholung von unseren Stirnlappen, nach einem dionysischen Fest der Sinne und Triebe. Daß dies ein Bedürfnis ist, das unserer gebändigten, zivilisierten, «stirnhirnigen» Natur entspringt, ist schon in frühen Phasen der Kulturgeschichte erkannt worden. Wir alle müssen uns hin und wieder von unseren Stirnlappen erholen, doch kehren wir nach einer Weile in ihr Joch zurück. Zur Tragödie kommt es, wenn es, wie bei Phineas Gage oder Greg, aufgrund einer schweren Krankheit oder Verletzung kein Zurück mehr gibt.[11]

Im März 1979 notierte ich in einem Bericht über Greg: «Spiele, Lieder, Reime, Gespräche usw. halten ihn ganz zusammen ... weil sie einen organischen Rhythmus und Fluß haben, das Strömen des Seins, das ihn trägt und stützt.» Diese Bemerkung erinnerte mich stark an das, was ich bei meinem amnestischen Patienten Jimmie beobachtet hatte: wie er inneren Halt bekam, wenn er eine Messe besuchte, an einer bedeutungsvollen Handlung beteiligt war, einer organischen Einheit, die die Unverbundenheit der Amnesie überstieg oder umging.[12] Auch mußte ich an einen Patienten in England denken, einen Musikwissenschaftler mit einer schweren Amnesie, die nach einer Schläfenlappenenzephalitis eingesetzt hatte. Er konnte Ereignisse und Dinge, die man ihm mitteilte, nur wenige Sekunden behalten, erinnerte sich aber an schwierigste Musikstücke, lernte neue, dirigierte und spielte sie und improvisierte sogar auf der Orgel.[13]

Ähnlich erging es auch Greg. Er hatte nicht nur ein exzellentes Gedächtnis für Songs aus den sechziger Jahren, sondern lernte auch, trotz seiner Schwierigkeit, sich Tatsachen zu merken, mühelos neue Lieder. Hier schienen ganz andere Formen – und Mechanismen – des Erinnerns aktiviert zu sein. Auch war er in der Lage, sich Limericks, Verse und Werbesprüche zu merken, von denen er Hunderte aus den Radio- und Fernsehprogrammen, die ununterbrochen auf der Station liefen, aufschnappte. Kurz nach seiner Aufnahme testete ich ihn mit folgendem Limerick:

Hush-a-bye baby,
Hush quite a lot,
Bad babies get rabies
And have to be shot.

Greg gab ihn auf der Stelle fehlerfrei wieder, lachte über ihn, fragte, ob ich ihn erfunden habe, und verglich ihn mit «etwas Unheimlichem, wie von Edgar Allan Poe». Doch zwei Minuten später hatte er ihn vergessen, und er konnte sich erst wieder an ihn erinnern, als ich ihm den Rhythmus vorgab. Nach einigen Wiederholungen lernte er den Vers ohne Gedächtnishilfe und rezitierte ihn, wann immer er mich traf.

Basierte die Fähigkeit, Verse und Lieder zu lernen, nur auf einer spezifischen Prozedur, einem bestimmten Handlungsschema, oder offenbarte sich darin Gefühlstiefe oder Verallgemeinerbarkeit von einer Art, die Greg normalerweise verschlossen war? Bestimmte Musikstücke bewegten ihn ohne Zweifel und eröffneten vielleicht Gefühle und Bedeutungen, zu denen er sonst keinen Zugang hatte. Greg war in solchen Momenten ein anderer Mensch, ohne Anzeichen eines Stirnhirnsyndroms, gewissermaßen vorübergehend durch die Musik «geheilt». Selbst das gewöhnlich langsame und zumeist unregelmäßige EEG wurde unter der Wirkung der Musik ruhig und rhythmisch.[14]

Durch ein Lied lassen sich leicht einfache Informationen vermitteln; so teilen wir Greg jeden Tag das Datum in Form eines Jingles mit, und er kann es herauslösen und nennen, wenn man ihn danach fragt, ohne den Vers zu singen. Doch was bedeutet es, zu sagen: «Heute ist der 1. Juli 1995», wenn man kein Gedächtnis mehr hat, keinen Sinn für Zeit und Geschichte, wenn man von Moment zu Moment in einem sequenzenlosen Limbus lebt? Die Kenntnis eines Datums ist unter diesen Bedingungen bedeutungslos. Aber läßt sich durch die Macht der Musik, etwa durch eigens zu diesem Zweck geschriebene Lieder – Stücke, die Greg etwas Wichtiges über seine eigene Person oder die gegenwärtige Welt mitteilen –, nicht vielleicht auch etwas Dauerhaftes, Tieferliegendes in ihm evozieren? Ist es vielleicht möglich, ihm so nicht nur «Tatsachen» zu vermitteln, sondern auch einen Sinn für Zeit und Geschichte, für die Bezogenheit von Ereignissen, einen (wenn auch künstlichen) Rahmen für sein Denken und Fühlen?

In Anbetracht der Blindheit Gregs und der Entdeckung seiner Lernfähigkeit schien es uns zu diesem Zeitpunkt ein natürlicher Schritt zu sein, daß er die Möglichkeit erhielt, sich mit der Braille-Schrift vertraut zu machen. So wurde mit dem Jüdischen Institut für Blinde ein Intensivkurs für Greg (vier Sitzungen pro Woche) vereinbart. Wir durften nicht enttäuscht, ja nicht einmal überrascht sein, als er nicht die geringste Neigung zeigte, die Blindenschrift zu lernen. Daß man ihm diesen Kurs auferlegte, erstaunte und verwirrte ihn. «Was ist los? Meinen Sie etwa, ich bin blind? Was soll ich hier, mit lauter Blinden um mich herum?» Man versuchte es ihm zu erklären, und mit untadeliger Logik entgegnete er: «Wäre ich blind, müßte ich es doch als erster wissen.» Die Lehrer sagten, sie hätten es noch nie mit einem derart schwierigen Patienten zu tun gehabt, und so rückten wir stillschweigend von unserem Plan ab. Nach diesem Mißerfolg beschlich uns, und vielleicht auch Greg, eine gewisse Hoffnungslosigkeit. Wir hatten das Gefühl, nichts mehr für ihn tun zu können; es war in ihm kein Potential für eine Veränderung.

Zu jener Zeit waren bereits mehrere psychologische und neuropsychologische Gutachten über ihn erstellt worden, und sie alle enthielten neben der Einschätzung seiner Gedächtnis- und Aufmerksamkeitsprobleme Beschreibungen, die ihn als «leer», «infantil», «uneinsichtig» und «euphorisch» charakterisierten. Es war leicht zu verstehen, wie es zu diesen Bezeichnungen gekommen war, denn genau so verhielt sich Greg die meiste Zeit. Verbarg sich aber nicht vielleicht doch hinter der Krankheit, der durch den Stirnhirnausfall verursachten Leere und der Amnesie ein anderer Greg? Als ich ihn Anfang 1979 befragte, sagte er, er fühle sich «elend ... zumindest körperlich», und ergänzte: «Das hat nicht mehr viel mit Leben zu tun.» In solchen Augenblicken zeigte sich, daß er nicht nur leichtfertig und euphorisch war, sondern auch fähig zu tiefen, ja melancholischen Reaktionen auf sein Schicksal. In den Nachrichten war damals viel von der im Koma liegenden Karen Ann Quinlan die Rede, und jedesmal, wenn ihr Name erwähnt wurde, zeigte sich Greg bekümmert und schweigsam. Er hat mir nie erklären können, warum ihn ihr Fall so ergriff – doch meinem Gefühl nach lag der Grund in einer Art Identifizierung ihrer Tragödie mit der seinen. Oder war es nur sein überschwengliches Mitgefühl, seine Bereitschaft, beinahe wehrlos, mimetisch in die Stimmung jedes Reizes, jeder Nachricht zu verfallen?

Das war eine Frage, die ich zunächst nicht zu beantworten wußte, und vielleicht war ich dagegen voreingenommen, in Greg auf irgendeine Tiefe zu stoßen, weil die mir bekannten neuropsychologischen Studien eine solche Möglichkeit auszuschließen schienen. Aber diese Untersuchungen beruhten auf kurzfristigen Erhebungen, nicht auf Langzeitbeobachtungen und auch nicht auf persönlichen Beziehungen einer Art, wie sie sich wohl nur in einer Klinik für chronisch Kranke oder in Situationen entwickeln, in denen eine ganze Welt, ein ganzes Leben mit dem Patienten geteilt wird.

Gregs «Stirnhirn-Eigenheiten» – seine Leichtigkeit, seine blitzschnellen Assoziationen – belustigten uns, doch dahinter kam eine grundlegende Anständigkeit, Sensibilität und Freundlichkeit zum Vorschein. Man spürte, daß Greg trotz der Schädigung eine Persönlichkeit, eine Identität, eine Seele besaß.[15]

Als Greg nach Williamsbridge kam, fiel uns allen seine Intelligenz, seine gute Laune, sein Witz auf. Therapeutische Programme und Maßnahmen aller Art wurden damals begonnen, doch sie endeten – wie der Blindenschriftkurs – im Mißerfolg. So wuchs in uns das Gefühl, daß Greg sich nicht verändern ließ, und wir taten und erwarteten immer weniger. Langsam geriet er aus dem Zentrum unserer Aufmerksamkeit, aus dem Fokus unserer therapeutischen Aktivitäten. Mehr und mehr blieb er sich selbst überlassen, fand in unseren Programmen keinen Platz mehr, wurde nirgendwohin mitgenommen, stillschweigend ignoriert.

Selbst wenn man nicht an Amnesie leidet, verliert man in den abgelegenen Stationen einer Klinik für chronisch Kranke leicht den Bezug zur Wirklichkeit. Es gibt einen überschaubaren Tagesablauf, der sich seit zwanzig oder fünfzig Jahren nicht geändert hat. Man wird geweckt, gefüttert, zur Toilette gebracht und auf einen Stuhl im Flur gesetzt, man ißt zu Mittag, nimmt an einem Bingospiel teil, das Abendessen zu sich und geht zu Bett. Der Fernseher flimmert und flimmert im Aufenthaltsraum, aber die meisten Patienten beachten ihn nicht. Sicher, Greg genoß seine Seifenopern und Westernfilme und lernte ungeheure Mengen von Werbe-Jingles auswendig. Die Nachrichten aber fand er zum großen Teil langweilig und auch zunehmend unverständlich. Jahre können in zeitloser Leere vergehen, mit nur wenigen, und sicherlich nicht erinnerungswerten Einschnitten im Fluß der Zeit.

Nachdem etwa zehn Jahre vergangen waren, zeigte Greg noch immer nicht die geringsten Anzeichen einer Entwicklung. Seine Sprache schien zunehmend veraltet und repertoirehaft, da von ihr – oder von ihm – nichts Neues aufgenommen wurde. So wurde die Tragödie seiner Amnesie von Jahr zu Jahr schrecklicher, obgleich die Amnesie selbst, das neurologische Syndrom, weitgehend unverändert blieb.

1988 erlitt Greg einen epileptischen Anfall – zum erstenmal (und obwohl man ihn vorsichtshalber seit der Operation auf Antikonvulsiva gesetzt hatte) – und brach sich dabei ein Bein. Er klagte nicht darüber, ja, er erwähnte es mit keinem Wort; entdeckt wurde es erst, als er am nächsten Morgen aufzustehen versuchte. Offensichtlich hatte er alles vergessen, sobald die Schmerzen nachgelassen und er eine angenehme Liegestellung gefunden hatte. Die Tatsache, daß er von dem Beinbruch nichts wußte, erinnerte mich an sein Unwissen hinsichtlich seiner eigenen Blindheit, an die amnestisch bedingte Unfähigkeit, die Abwesenheit von etwas im Bewußtsein zu behalten. Wenn ihm das Bein kurzzeitig weh tat, wußte er, daß da irgend etwas geschehen war, doch sobald sich der Schmerz legte, vergaß er alles. Hätte er optische Halluzinationen oder Phantome gehabt (wie sie Erblindete manchmal erleben, vor allem in den ersten Monaten oder Jahren nach dem Verlust ihres Augenlichts), hätte er darüber sprechen können. Doch da ihm jeglicher visueller Input fehlte, konnte er sich weder das Sehen noch das Nichtsehen, noch den Verlust der Sehwelt merken. In sich selbst und in seiner Welt kannte Greg nichts Abwesendes, sondern nur noch das Anwesende. Er behielt keinen Verlust – einer Funktion in ihm, eines Gegenstandes oder einer Person – in Erinnerung.

Im Juni 1990 starb plötzlich Gregs Vater, der jeden Morgen vor der Arbeit seinen Sohn besucht und eine Stunde mit ihm gescherzt und geplaudert hatte. Ich war damals auf Reisen (und um meinen Vater zu trauern), und als ich nach meiner Rückkehr davon erfuhr, eilte ich zu Greg. Ihm war natürlich auch die Todesnachricht überbracht worden, gleich nachdem der Tod des Vaters bekannt geworden war. Und doch war ich mir nicht sicher, was ich ihm sagen sollte. War er imstande gewesen, diese neue Gegebenheit aufzunehmen? Ich versuchte es mit: «Ich nehme an, Sie vermissen Ihren Vater ...?»

«Wie meinen Sie das?» erwiderte Greg. «Er kommt jeden Tag. Ich sehe ihn jeden Tag.»

«Nein», sagte ich, «er kommt nicht mehr ... Er kommt seit einiger Zeit nicht mehr hierher. Er ist im vergangenen Monat gestorben.»

Greg fuhr zusammen, erblaßte, verfiel in

Schweigen. Ich hatte den Eindruck, daß er schockiert war – zweifach schockiert: über die unvermittelte Schreckensbotschaft vom Tod seines Vaters und darüber, daß er selbst nichts davon wußte, es nicht registriert hatte, sich nicht daran erinnerte. «Ich glaube, er war so um die Fünfzig», sagte er.

«Nein, Greg, er war weit über siebzig.»

Greg erblaßte erneut, als er meine Antwort vernahm. Ich verließ kurz den Raum, weil ich das Gefühl hatte, er müsse mit all dem allein sein. Doch als ich einige Minuten später zurückkehrte, hatte Greg keine Erinnerung an unser Gespräch, an die Todesnachricht, die ich ihm gerade übermittelt hatte, kein Bewußtsein der Tatsache, daß sein Vater gestorben war.

Greg hatte zumindest sehr deutlich gezeigt, daß er in der Lage war, zu lieben und traurig zu sein. Wenn ich je an seiner Fähigkeit zu tieferen Gefühlen gezweifelt hatte, so waren diese Zweifel jetzt verflogen. Der Tod seines Vaters hatte ihn erschüttert – er war in dieser Zeit weder «flippig» noch schnoddrig.[16] Aber verfügte er über die Fähigkeit zu trauern? Trauern erfordert, daß man sich des Verlustgefühls bewußt bleibt, und es war alles andere als klar, ob Greg dazu fähig war. Man konnte ihm immer wieder erzählen, daß sein Vater gestorben war, und jedesmal war die Nachricht für ihn schockierend und neu und löste unsagbaren Kummer aus. Doch einige Minuten später hatte er es vergessen und war wieder vergnügt und wurde so daran gehindert, Trauerarbeit zu leisten.[17]

In den folgenden Monaten achtete ich darauf, Greg häufig zu besuchen, doch sprach ich ihn nicht mehr auf den Tod seines Vaters an. Es war nicht meine Aufgabe, dachte ich, ihn damit zu konfrontieren, was sowohl nutzlos als auch grausam gewesen wäre. Das Leben selbst mußte dafür sorgen – früher oder später würde Greg die Abwesenheit seines Vaters entdecken.

Am 26. November 1990 notierte ich: «Greg zeigt keinerlei bewußtes Wissen, daß sein Vater gestorben ist. Wenn er gefragt wird, wo sein Vater sei, antwortet er: ‹Oh, er ist in den Innenhof gegangen› oder ‹Heute kann er nicht kommen› oder etwas anderes, das plausibel klingt. Greg selbst möchte aber an Wochenenden oder an Thanksgiving nicht mehr nach Hause fahren, wie er es früher gern tat. Das vaterlose Haus wird ihm wohl traurig oder abstoßend vorkommen, auch wenn er Empfindungen dieser Art (bewußt) weder erinnert noch artikuliert. Offensichtlich hat sich in ihm eine Assoziation gebildet, die mit Traurigkeit verbunden ist.»

Gegen Ende jenes Jahres entwickelte Greg, der zuvor stets reichlich und gut geschlafen hatte, plötzlich Schlafstörungen. Oft fuhr er mitten in der Nacht hoch und blieb dann stundenlang wach. «Ich habe etwas verloren, ich suche danach», sagte er, wenn man ihn darauf ansprach – doch was er verloren hatte, wonach er suchte, konnte er nie erklären. Man konnte sich nicht des Eindrucks erwehren, daß Greg seinen Vater suchte, wenn er auch selbst nicht verstand, was er tat, nicht explizit wußte, was er verloren hatte. Mir schien jedoch, daß nun in ihm ein implizites und vielleicht zudem symbolisches (wenn auch nicht begriffliches) Wissen entstanden war.

Greg war seit dem Tod seines Vaters so traurig, daß ich das Gefühl bekam, ihm könnte ein besonderes Erlebnis guttun, und als ich im August 1991 erfuhr, daß seine Lieblingsgruppe The Grateful Dead im Madison Square Garden auftreten würde, schien mir dies genau das Richtige zu sein. Ich hatte im Frühsommer einen Schlagzeuger der Band, Mickey Hart, kennengelernt, als wir beide einer Kommission des Senats Gutachten über die Wirkung der Musiktherapie vorgetragen hatten. Hart besorgte zwei Eintrittskarten, traf Vorsorge für den Transport Gregs im Rollstuhl und hielt uns einen Platz in der Nähe des Soundpults frei, wo die Akustik am besten war.

All das war in letzter Minute geschehen, und ich hatte Greg kein Wort davon gesagt, da ich ihm die Enttäuschung ersparen wollte, falls keine Plätze mehr frei gewesen wären. Als ich Greg dann im Krankenhaus abholte und ihm erzählte, wohin wir fahren würde, packte ihn freudige Erregung. Wir zogen ihn rasch an und verfrachteten ihn ins Auto. Als wir in die Innenstadt kamen, ließ ich die Scheiben herunter, und die Düfte und Geräusche New Yorks drangen zu uns herein. An der Thirty-third Street fiel Greg plötzlich der Geruch heißer Brezeln auf, und er atmete ihn tief ein und lachte: «Das ist der Duft, der am stärksten nach New York riecht.»

Eine riesige Menschenmenge drängte zum Madison Square Garden. Die meisten trugen Batik-T-Shirts – ich hatte in den letzten zwanzig Jahren kaum noch solche T-Shirts gesehen und bekam allmählich selbst das Gefühl, daß wir in die sechziger Jahre zurückversetzt oder ihnen womöglich nie entwachsen waren. Es war schade, daß Greg die Leute nicht sehen konnte; er hätte sich bestimmt als einer der Ihren und unter ihnen heimisch gefühlt. Durch die Atmosphäre angeregt, begann er spontan zu sprechen (was er sonst kaum tat) und sich an die sechziger Jahre zu erinnern:

> Ja, da gab's die Be-ins im Central Park. Hat's schon lange nicht mehr gegeben, über ein Jahr oder so, kann mich genau erinnern ... Konzerte, Musik, Acid, Gras, alles ... Zum erstenmal war ich dort am Flower-Power Day ... Tolle Zeit ... 'ne Menge Sachen fingen in den Sechzigern an – Acid Rock, die Be-ins, die Love-ins- Kiffen ... sehe heute kaum noch was davon ... Allen Ginsberg – er ist oft unten im Village oder im Central Park. Den habe ich lange nicht gesehen, das letzte Mal vor über einem Jahr ...

Gregs Gebrauch des Präsens und der Form der nahen Vergangenheit; sein Gefühl, daß alle diese Ereignisse nicht weit zurücklagen, nicht abgeschlossen waren, sondern «vor einem Jahr oder so» stattgefunden hatten (und deshalb jederzeit wieder stattfinden konnten) – all dies, im Rahmen klinischer Tests so pathologisch und anachronistisch anmutend, schien beinahe normal und natürlich, jetzt, da wir in dieser Sechziger-Menge dem Madison Square Garden zustrebten.

Im Garden fanden wir den für Greg reservierten Rollstuhlplatz nahe dem Soundpult.

Seine Anspannung wuchs von Minute zu Minute. Das Tosen der Menschenmenge erregte ihn – «Das ist wie ein Riesentier», sagte er –, ebenso die süßliche, haschischgesättigte Luft – «Was für ein herrlicher Duft!» rief er, wobei er tief einatmete, «das ist der am wenigsten dumme Geruch der Welt.»[18]

Als die Band die Bühne betrat und der Lärm der Menge anschwoll, wurde Greg von seiner Begeisterung mitgerissen, begann zu klatschen, schrie mit lauter Stimme «Bravo, bravo!» und «Let's go» und «Let's got, Hypo», gefolgt von einem homophonischen «Ro, Ro, Ro, Harry-Bo.» Einen Moment lang einhaltend, wandte sich Greg mir zu: «Sehen Sie den Grabstein hinter dem Schlagzeug? Sehen Sie Jerry Garcias Afro?», und das mit einer solchen Überzeugung, daß ich unwillkürlich darauf einging und – vergebens – nach dem Grabstein suchte, bevor mir klar wurde, daß es sich um eine von Gregs Konfabulationen handelte – und Jerry Garcias inzwischen ergrautes Haar fiel glatt und weich auf seine Schultern.

Dann rief Greg: «Pigpen! Sehen Sie Pigpen da oben?»

«Nein», erwiderte ich zögernd, verunsichert, wie ich ihm antworten sollte. «Er ist nicht da ... Er ist nicht mehr bei den Dead.»

«Nicht mehr mit den Dead?» rief Greg erstaunt. «Was ist passiert – ist er verhaftet worden oder was?»

«Nein, Greg, nicht verhaftet. Er ist tot.»

«Das ist schrecklich», antwortete Greg und schüttelte entsetzt den Kopf. Und dann, eine Minute später, stieß er mich wieder an. «Pigpen! Sehen Sie Pigpen da oben?» Und Wort für Wort wiederholte sich unser ganzes Gespräch.

Doch dann verfiel er in die hämmernde, pochende Aufregung der Menge – das rhythmische Klatschen und Stampfen und Singen ergriff ihn –, und er sang «The Dead! The Dead!», dann, den Rhythmus variierend und jedes Wort langsam betonend, «Wie want the Dead!» Und dann «Tobacco Road, Tobacco Road» – der Titel seines Lieblingssongs –, bis endlich die Musik einsetzte.

Die Band begann mit einem alten Stück, «Iko, Iko», und Greg sang begeistert und voller Hingabe mit, kannte jedes Wort und stimmte selig in den afrikanisch klingenden Refrain ein. Die ganze Menge im Garden bewegte sich nun mit der Musik, achtzehntausend Menschen antworteten gemeinsam, jeder verzückt, jedes Nervensystem synchronisiert, im Einklang.

In der ersten Hälfte des Konzerts spielte die Gruppe viele frühe Songs aus den sechziger Jahren, und Greg kannte sie alle, liebte sie, fiel immer wieder in sie ein. Seine Energie und Freude verblüfften mich – er klatschte und sang pausenlos, war nicht einen Moment lang schlapp oder müde wie sonst. Er war kontinuierlich aufmerksam wie selten zuvor, alles um ihn herum gab ihm Orientierung, hielt ihn beisammen. Als ich den so verwandelten Greg anblickte, konnte ich an ihm keine Spur von seiner Amnesie, seiner Stirnhirnschädigung erkennen – er schien in diesem Augenblick völlig normal zu sein, so als füllte ihn die Musik mit ihrer eigenen Kraft, ihrer Geschlossenheit, ihrem Geist.

Ich hatte überlegt, ob wir das Konzert in der Pause verlassen sollten – Greg war schließlich ein behinderter, an den Rollstuhl gefesselter Patient, der in den vergangenen zwanzig Jahren nie wirklich unter Menschen gekommen oder gar zu einem Rockkonzert in die Stadt gefahren war. Aber er sagte: «Nein, ich will bleiben, ich will bis zum Ende dabeisein», mit einer Entschiedenheit und Autonomie, über die ich mich freute und die ich in seinem fügsamen Spitalleben kaum je wahrgenommen hatte. Also blieben wir und gingen in der Pause hinter die Bühne, wo Greg eine große warme Brezel aß und dann Mickey Hart traf und ein paar Worte mit ihm wechselte. Während er vorher etwas müde und blaß ausgesehen hatte, war sein Gesicht nun vor Aufregung über die Begegnung gerötet, und begierig, mehr Musik zu hören, wollte er an seinen Platz zurück.

Doch der zweite Teil des Konzerts rief in Greg Befremden hervor. Ein Großteil der Songs stammte aus den mittleren bis späten siebziger Jahren, mit Texten, die er nicht kannte, wenn ihm auch ihr Stil vertraut war. Er mochte diese Stücke, klatschte und sang die Melodie mit oder erfand sich Worte dazu. Doch dann folgten neuere Songs vollkommen anderer Art, wie «Picasso Moon», mit tiefen, dunklen Akkorden und einer elektronischen Instrumentierung, wie sie in den sechziger Jahren unmöglich, undenkbar gewesen wäre. Greg war fasziniert, aber auch verwirrt. «Das ist verrücktes Zeug», sagte er, «ich hab so was noch nie gehört.» Er hörte konzentriert zu, mit allen aufgeschreckten musikalischen Sinnen, und sah dabei etwas ängstlich und verwundert aus, als sehe er ein unbekanntes Tier, eine unbekannte Pflanze, eine unbekannte Welt zum erstenmal. «Das ist wohl neues, experimentelles Zeug», sagte er, «das haben sie noch nie gespielt. Klingt futuristisch ... ist vielleicht die Musik der Zukunft.» Die neueren Songs gingen weit über die Grenzen der Musikentwicklung hinaus, die er sich vorstellen konnte, waren derart jenseits all dessen, was er mit The

Grateful Dead verband (und in mancher Hinsicht so anders), daß sie «sein Bewußtsein sprengten». Es war, daran konnte er nicht zweifeln, «ihre» Musik, die er gehört hatte, aber sie hatte in ihm das schwer erträgliche Gefühl geweckt, die Zukunft zu hören – so wie die Musik des späteren Beethoven sein Publikum verwirrt hätte, wenn sie um 1800 gespielt worden wäre.

«Das war phantastisch», sagte Greg, als wir den Garden verließen. «Ich werde es nie vergessen. Das war der schönste Augenblick meines Lebens.» Auf dem Heimweg hörten wir Grateful Dead-CDs im Auto, denn ich wollte die Stimmung und die Erinnerung an das Konzert so lange wie möglich wachhalten. Ich befürchtete, daß jede Spur des Konzerts in seinem Gedächtnis gelöscht würde, wenn die Musik der Dead auch nur einen Moment lang aufhörte oder wir über sie sprechen würden. Greg sang selig während der ganzen Fahrt mit, und als wir uns vor dem Krankenhaus verabschiedeten, war er noch in überschwenglicher Konzertstimmung.

Als ich am nächsten Morgen in die Klinik kam, fand ich Greg allein, gegen die Wand starrend, im Speisesaal. Ich fragte ihn nach den Grateful Dead – wie sie ihm gefallen haben. «Tolle Gruppe», sagte er, «ich liebe sie. Ich habe sie im Central Park und im Fillmore East gehört.»

«Ja, das haben Sie mir erzählt. Aber haben Sie sie seitdem gesehen? Haben Sie sie nicht gerade erst im Madison Square Garden gehört?»

«Nein», erwiderte er, «ich war noch nie im Madison Square Garden.»[19]

Anmerkungen

Die Zwillinge

1 Zum Beispiel D. J. Hamblin, «They are ‹idiots savants› – wizards pf the calendar». *Life* 60 (18. März 1966), S. 106–108, und W. A. Horwitz *et al.*, «Identical twin ‹idiots savants› – calendar calculators», *American Journal of Psychiatry* 121 (1965), S. 1075.

2 Siehe Robert Silverbergs Roman *Der Gesang der Neuronen*.

3 In: Alexander R. Lurija, *Der Mann, dessen Welt in Scherben ging*, Rowohlt, Reinbek 1991.

4 Jorge Luis Borges, «Das unerbittliche Gedächtnis», in: ders., *Fiktionen*, Fischer Taschenbuch, Frankfurt a. M. 1992.

5 A. R. Lurija/F. Ja. Judowitsch, *Die Funktion der Sprache in der geistigen Entwicklung des Kindes*, Schwann, Düsseldorf 1970.

6 Mit Buxton, der von diesen beiden vielleicht als der «Unnatürlichere» erscheint, läßt sich meine Patientin Miriam H. aus *Awakenings – Zeit des Erwachens* vergleichen, wenn sie ihre «arithmomanischen» Anfälle hatte.

7 Angesichts der Frage, wie wir Gesichter wahr-

nehmen und wiedererkennen, stellen sich faszinierende grundlegende Probleme. Es deutet nämlich vieles darauf hin, daß wir Gesichter (wenigstens vertraute Gesichter) direkt erkennen und nicht durch ein Sammeln oder eine schrittweise Analyse der hervorstechenden Merkmale. Dies zeigt sich am eindrucksvollsten bei einer «Prosopagnoise», bei der der Patient, infolge einer Verletzung der Hirnrinde im Hinterhauptbereich, nicht mehr in der Lage ist, Gesichter als solche zu erkennen, und den komplizierten, absurden, indirekten Weg einer schrittweisen Analyse an sich bedeutungsloser isolierter Merkmale gehen muß.

8 Andererseits halte ich es für wichtig, darauf hinzuweisen, daß die Trennung der Zwillinge, deren Fall Lurija so eingehend studiert hat, unerläßlich für ihre Entwicklung war. Sie «befreite» sie aus einer sinnlosen und unfruchtbaren Bindung und gestattete es ihnen, gesunde und kreative Menschen zu werden.

9 Vgl. Clara C. Park, *Eine Seele lernt leben*, DTV, München 1993, und David Park, «Light and number: ordering principles in the world of an autistic child», *Journal of Autism and Childhood Schizophrenia* (1974), 4 (4), S. 313–323.

10 Vgl. E. Nagel und J. R. Newman, *Gödel's Proof*, New York 1958.

Der letzte Hippie

1 Die recht ungewöhnliche Weltanschauung des Swami ist zusammengefaßt in *Easy Journey to Other Planets* von Tridandi Goswami A. C. Bhaktivedanta Swami, herausgegeben vom League of Devotees in Vrindaban (keine Jahresangabe; Preis: 1 Rupie). Dieses schmale Bändchen mit grünem Umschlag wurde von den safranfarben gekleideten Anhängern des Swami massenweise unter die Leute gebracht und war damals Gregs «Bibel».

2 Eine andere Patientin, Ruby G., ähnelte Greg in mancher Hinsicht. Auch bei ihr hatte sich ein großer Stirnhirntumor entwickelt, der, obwohl er 1973 entfernt wurde, zu Erblindung, Amnesie und einem Stirnlappensyndrom führte. Auch sie wußte nicht, daß sie blind war. Wenn ich eine Hand vor ihre Augen hielt und sie fragte: «Wie viele Finger?», antwortete sie: «Natürlich hat eine Hand fünf Finger.»
Eine enger umgrenzte Ausblendung der eigenen Blindheit kann durch die Zerstörung der Sehrinde verursacht werden, wie dies beim Antonschen Zeichen der Fall ist. Patienten mit diesem Syndrom wissen zwar mitunter nicht, daß sie erblindet sind, verhalten sich aber sonst normal. Dagegen ist die Ausblendung bei Stirnlappenläsionen umfassender: So waren Greg und Ruby nicht nur blind gegenüber der eigenen Blindheit, sondern auch – jedenfalls zum größten Teil – gegenüber der Tatsache, daß sie

krank waren, unter schweren neurologischen und kognitiven Ausfällen litten und auf tragische Weise in eine äußerst eingeschränkte Lebenssituation geraten waren.

3 Edouard Claparède zeigte 1911 auf eine ziemlich rohe Weise, daß implizite Engramme (vor allem, wenn sie emotional besetzt sind) auch bei amnestischen Patienten dauerhaft bestehen können, indem er einem solchen Patienten, den er seinen Studenten vorführte, beim Händeschütteln mit einer zwischen seine Finger geklemmten Nadel in die Hand stach. Obgleich der Patient sich explizit an diesen Vorfall nicht erinnern konnte, weigerte er sich danach, Claparède die Hand zu geben.

4 Lurija hebt in seiner Arbeit über die Neuropsychologie des Gedächtnisses hervor, daß alle seine amnestischen Patienten ein «Gefühl der Vertrautheit» mit ihrer Umgebung erwarben, wenn sie längere Zeit hospitalisiert waren.

5 Lurija, der Stirnhirnsyndrome in seinem Buch *Human Brain and Psychological Processes* überaus detailliert, manchmal fast romanhaft beschreibt, sieht in dieser «Gleichbehandlung» den Kern solcher Syndrome.

6 Ähnlich undifferenzierte Reaktionen treten zuweilen auch bei Menschen mit Touretteschem Syndrom auf – manchmal in Form reflexhaften Imitierens von Äußerungen und Handlungen anderer Personen, manchmal in den komplexeren Formen der

Mimikry, Parodie und Nachahmung, aber auch in Gestalt unbändiger verbaler Assoziationen (Reime, Wortspiele, Alliterationen usw.).

7 Aufgrund von Vergleichen der elektrophysiologischen Eigenschaften zwischen dem schlafenden und dem wachen Gehirn stellten Rodolfo Llinás und seine Mitarbeiter an der New Yorker University die These auf, daß ein einziger Grundmechanismus für beide Zustände verantwortlich sei – ein fortwährendes inneres Zwiegespräch zwischen Hirnrinde und Thalamus, ein ununterbrochener Austausch von Bildern und Gefühlen, unabhängig davon, ob gerade ein sensorischer Input stattfindet oder nicht. Wenn Sinnesdaten eintreffen, integriert sie dieser Austauschprozeß, um waches Bewußtsein zu generieren. Liegt dagegen kein solcher Input vor, erzeugt er weiterhin zerebrale Zustände, die wir als Phantasiegebilde, Halluzination oder Traum bezeichnen. Aus dieser Sicht träumt das wache Bewußtsein – doch träumt es unter den Beschränkungen der Außenwelt.

8 Traumähnliche (oneiroide) Zustände infolge von Läsionen des Thalamus und des Zwischenhirns sind von Lurija und anderen Autoren beschrieben worden. J.-J. Moreau charakterisierte in seiner frühen Studie über Haschisch und Geisteskrankheit von 1845 sowohl das Irresein als auch die Haschischtrance als «Wachträume». Eine besondere Art von Wachtraum ist bei schweren Formen des

Tourette-Syndroms zu beobachten: Die Außen- und die Innenwelt, das Wahrgenommene und das Instinktive verschmelzen gewissenmaßen zu einer nach außen gekehrten Phantasmagorie, zu einem «öffentlichen» Traum.

9 Robert Louis Stevenson schrieb seine Erzählung *Der seltsame Fall des Dr. Jekyll und Mr. Hyde* im Jahre 1886. Es ist nicht erwiesen, ob er den Fall Gage kannte, doch war dieser mittlerweile so berühmt geworden, daß er seit den frühen achtziger Jahren zum Allgemeinwissen gehörte. Mit Sicherheit aber wurde Stevenson von John Hughlings Jacksons Unterscheidung zwischen höheren und niederen Hirnebenen inspiriert, der Auffassung, daß die animalischen Triebkräfte der «niederen» Ebenen nur durch die «höheren» (und eher anfälligen) intellektuellen Zentren im Zaum gehalten werden.

10 Der ungeheuerliche Leukotomie- und Lobotomieskandal endete in den frühen fünfziger Jahren, nicht etwa aufgrund ärztlicher Zurückhaltung oder Ablehnung, sondern weil nun ein neues Mittel – Tranquilizer – zur Verfügung stand, dem man (wie zuvor der Neurochirurgie) hohe Wirksamkeit ohne unerwünschte Nebenwirkungen bescheinigte. Ob allerdings zwischen Neurochirurgie und Tranquilizern in neurologischer wie moralischer Hinsicht tatsächlich ein so großer Unterschied besteht, ist eine unbequeme Frage, mit der man sich bisher nie wirklich konfrontiert hat. Gewiß können in hohen Do-

sen verabreichte Tranquilizer wie ein chirurgischer Eingriff «Beruhigung» erzeugen und die Halluzinationen und Wahnvorstellungen psychotischer Kranker zum Stillstand bringen, aber die Ruhe, die sie schaffen, könnte die Ruhe des Todes sein – sie könnte die Patienten in einem grausamen Paradox an einer natürlichen Auflösung der Psychose hindern und sie statt dessen ihr Leben lang in eine iatrogene Krankheit einmauern.

11 Die medizinische Fachliteratur befaßte sich erstmals mit Stirnlappenläsionen anläßlich des Falls Phineas Gage, doch finden sich in früheren Quellen Beschreibungen veränderter psychischer Zustände, die damals nicht identifiziert wurden, heute jedoch im Rückblick als Stirnhirnsyndrome betrachtet werden können. Einen solchen Fall aus dem achtzehnten Jahrhundert schildert Lytton Strachey in seinem Porträt «The Life, Illness, and Death of Dr. North». Dr. North, ein Lehrer am Trinity College in Cambridge, der unter schweren Angstanfällen und quälenden Zwängen litt, wurde wegen seiner Pedanterie, rigiden Moral und erbarmungslosen Strenge von seinen Kollegen gehaßt. Eines Tages erlitt er einen Hirnschlag:

> Er genas nicht vollständig. Sein Körper war linksseitig gelähmt; vor allem aber sein Geist hatte sich tiefgreifend verändert. Seine Ängste hatten ihn verlassen. Seine Gewissenhaftigkeit, seine Zu-

> rückhaltung, sein ernstes Wesen, ja sogar sein
> moralisches Empfinden waren verschwunden. Er
> lag in anzüglicher Manier auf dem Bett und stieß
> Schwalle derber Bemerkungen, zotiger Geschich-
> ten und anrüchiger Witze aus. Während seine
> Freunde kaum wußten, wohin sie schauen soll-
> ten, lachte er hemmungslos oder verzog sein halb-
> gelähmtes Gesicht zu einem abstrus entstellten
> Grinsen ... Nach einigen epileptischen Anfällen
> erklärte er, sein Leiden sei nur durch ständigen
> Weinrausch zu lindern. Dieser Mann, einst be-
> rüchtigt wegen seiner Strenge, goß nun in maßlo-
> sem Überschwang ein Glas Sherry nach dem an-
> deren in sich hinein.

Strachey zeichnet hier mit großer Präzision das Bild eines Schlaganfalls im Stirnhirn, der die Persönlichkeit dieses Kranken grundlegend und gewissermaßen «therapeutisch» veränderte.

12 Das dynamische wie semantische Wesen dieser «organischen Einheit», die eine so wichtige Rolle in der Musik, beim Gesang, in der Rezitation, in allen metrischen Strukturen spielt, hat Victor Zuckerkandl in seinem bemerkenswerten Buch *Sound and Symbol* umfassend analysiert. Es ist charakteristisch für solche dynamisch-semantischen Strukturen, daß jedes Element zum nächsten führt und daß jeder Teil in Beziehung zu den anderen steht. Solche Strukturen können gewöhnlich nicht in

Teilen, sondern – wenn überhaupt – nur als Ganzes wahrgenommen und erinnert werden.

13 Über diesen Patienten hat Jonathan Miller den BBC-Film *Prisoner of Consciousness* gedreht (gesendet im November 1988).

14 Ein anderer Patient in Williamsbridge, Harry S., früher ein begabter Ingenieur, erlitt eine Hirnblutung infolge eines geplatzten Aneurismas, durch die beide Stirnlappen massiv geschädigt wurden. In der Zeit nachdem er aus dem Koma erwacht war, besserte sich sein Zustand zusehends, und auch viele seiner früheren geistigen Fähigkeiten stellten sich wieder ein, doch blieb er, wie Greg, dennoch schwer gestört – ausdruckslos, flach, emotional indifferent. Doch all dies ändert sich schlagartig, sobald er singt. Er hat eine gute Tenorstimme und liebt irische Lieder. Er singt gefühlvoll, zart und lyrisch, was um so überraschender ist, als sonst keine Spur davon in seinem Verhalten zu entdecken ist, so daß der Eindruck entsteht, seine Emotionalität sei restlos zerstört. Er drückt jedes Gefühl gemäß dem Inhalt des Gesungenen aus – Frivoles, Fröhliches, Tragisches, Sublimes – und scheint sich in einen anderen Menschen zu verwandeln, während er singt.

15 Mr. Thompson (aus der Fallgeschichte «Eine Frage der Identität»), der ebenfalls an Amnesie und einem Stirnhirnsyndrom litt, schien dagegen oft «entseelt» zu sein. Seine Witzeleien waren manisch, wild, frenetisch, unbändig; sie brachen wie ein

Schwall aus ihm hervor, ohne Rücksicht auf Takt, Anstand, Schicklichkeit, auf alles, einschließlich der Gefühle der Menschen um ihn her. Ob die Tatsache, daß das Ich und die Identität Gregs wenigstens zum Teil erhalten geblieben waren, auf ein weniger gravierendes Syndrom oder auf tieferliegende Persönlichkeitsunterschiede zurückzuführen sind, bleibt ungeklärt. Mr. Thompsons prämorbide Persönlichkeit war die eines New Yorker Taxifahrers, und in mancher Hinsicht wurde sie durch das Stirnhirnsyndrom verstärkt. Gregs Persönlichkeit war von Anfang an sanfter, kindlicher – und dies färbte, wie mir schien, auch sein Stirnhirnsyndrom.

16 Hierin unterschied er sich von Mr. Thompson, der wegen des schlimmeren Stirnhirnsyndroms zu einer Art unaufhörlich laufenden, frotzelnden Sprechmaschine geworden war. Als man ihm sagte, sein Bruder sei gestorben, witzelte er: «Dieser alte Spaßvogel!» und ging zu anderen, belangsosen Dingen über.

17 Der amnestische Musikwissenschaftler aus dem BBC-Film *Prisoner of Consciousness* zeigte ein ähnliches und doch ganz anderes Verhalten. Wann immer seine Frau den Raum verließ, überwältigte ihn das Gefühl eines schrecklichen und unwiderruflichen Verlustes. Kehrte sie fünf Minuten später zurück, seufzte er stets erleichtert: «Und ich glaubte, du seist tot.»

18 Jean Cocteau hat dasselbe einmal über

Opium gesagt. Ob Greg ihn, bewußt oder unbewußt, zitierte, weiß ich nicht. Düfte wecken manchmal noch intensivere Assoziationen als Musik. Geruchswahrnehmungen, die in einer sehr primitiven Hirnregion – dem «Riechhirn» oder Rhinenzephalon – erzeugt werden, brauchen nicht den Weg über die komplexen vielstufigen Gedächtnissysteme der medialen Schläfenlappen zu nehmen. Olfaktorische Gedächtnisspuren sind, neural betrachtet, fast unauslöschlich, so daß sie trotz amnestischer Ausfälle erinnert werden können. Es wäre ein faszinierender Versuch, Greg heiße Brezel oder Haschisch vorzusetzen, um zu sehen, ob ihre Gerüche Erinnerungen an das Konzert wecken. Er selbst erwähnte am nächsten Tag spontan den «großartigen» Brezelduft – er war ihm sehr gegenwärtig –, und doch konnte er ihn weder räumlich noch zeitlich lokalisieren.

19 Greg hat keine Erinnerung an das Konzert, jedenfalls scheinbar – doch als ich eine Tonbandaufnahme des Konzerts erhielt, erkannte Greg beim Hören sofort einige der «neuen» Stücke und war sogar in der Lage, sie mitzusingen. «Woher kennen Sie das?» fragte ich ihn, als «Picasso Moon» erklang.

Er zuckte unsicher mit den Achseln, doch besteht kein Zweifel, daß er den Song gelernt hat. Ich besuche Greg weiterhin regelmäßig, um ihm Aufnahmen «unseres» Konzerts und der letzten Auftritte der Grateful Dead vorzuspielen. Er scheint die Besuche zu mögen und hat viele der neuen Stücke auswendig gelernt. Wenn ich komme und er meine Stimme hört, hellt sich sein Gesicht auf – und er begrüßt mich als einen seiner Deadhead-Freunde.

50 JAHRE ROWOHLT ROTATIONS ROMANE

50 Taschenbücher im Jubiläumsformat
Einmalige Ausgabe

Paul Auster, *Szenen aus «Smoke»*
Simone de Beauvoir, *Aus Gesprächen mit Jean-Paul Sartre*
Wolfgang Borchert, *Liebe blaue graue Nacht*
Richard Brautigan, *Wir lernen uns kennen*
Harold Brodkey, *Der verschwenderische Träumer*
Albert Camus, *Licht und Schatten*
Truman Capote, *Landkarten in Prosa*
John Cheever, *O Jugend, o Schönheit*
Roald Dahl, *Der Weltmeister*
Karlheinz Deschner, *Bissige Aphorismen*
Colin Dexter, *Phantasie und Wirklichkeit*
Joan Didion, *Wo die Küsse niemals enden*
Hannah Green, *Kinder der Freude*
Václav Havel, *Von welcher Zukunft ich träume*
Stephen Hawking, *Ist alles vorherbestimmt?*
Elke Heidenreich, *Dein Max*
Ernest Hemingway, *Indianerlager*
James Herriot, *Sieben Katzengeschichten*
Rolf Hochhuth, *Resignation oder Die Geschichte einer Ehe*
Klugmann/Mathews, *Kleinkrieg*
D. H. Lawrence, *Die blauen Mokassins*
Kathy Lette, *Der Desperado-Komplex*
Klaus Mann, *Der Vater lacht*
Dacia Maraini, *Ehetagebuch*
Armistead Maupin, *So fing alles an ...*
Henry Miller, *Der Engel ist mein Wasserzeichen*

50 JAHRE ROWOHLT ROTATIONS ROMANE

Nancy Mitford, *Böse Gedanken einer englischen Lady*
Toni Morrison, *Vom Schatten schwärmen*
Milena Moser, *Mörderische Erzählungen*
Herta Müller, *Drückender Tango*
Robert Musil, *Die Amsel*
Vladimir Nabokov, *Eine russische Schönheit*
Dorothy Parker, *Dämmerung vor dem Feuerwerk*
Rosamunde Pilcher, *Liebe im Spiel*
Gero von Randow, *Der hundertste Affe*
Ruth Rendell, *Wölfchen*
Philip Roth, *Grün hinter den Ohren*
Peter Rühmkorf, *Gedichte*
Oliver Sacks, *Der letzte Hippie*
Jean-Paul Sartre, *Intimität*
Dorothy L. Sayers, *Eine trinkfeste Frage des guten Geschmacks*
Isaac B. Singer, *Die kleinen Schuhmacher*
Maj Sjöwall/Per Wahlöö, *Lang, lang ist's her*
Tilman Spengler, *Chinesische Reisebilder*
James Thurber, *Über das Familienleben der Hunde*
Kurt Tucholsky, *So verschieden ist es im menschlichen Leben*
John Updike, *Dein Liebhaber hat eben angerufen*
Alice Walker, *Blicke vom Tigerrücken*
Janwillem van de Wetering, *Leider war es Mord*
P. G. Wodehouse, *Geschichten von Jeeves und Wooster*

Programmänderungen vorbehalten